화엄경 독경본

3

화엄경 독경본 3

— 화장세계품 ③ ~ 보살문명품 —

실차난타 한역 · 관허수진 번역

운주사

봄 타고 화장세계 나들이

봄이 왔네요.

산자락 언덕에도 후미진 실계곡에도 봄이 왔네요.

얼음 사이 미소 띠고 흐르는 저 작은 목소리

버들강아지 눈개비 다칠라 숨죽여 흐르는 저 은빛 물소리

진정 봄이 왔나보다.

그래

내 마음에도 모든 사람들의 마음에도 화사한

봄이 왔으면 좋겠다.

영세에 사라지지 않는 봄이 왔으면 말이다.

봄

생각만 해도 가슴 여미는 계절이지요.

이 봄 따라 봄나들이 어떻습니까.

뒷동산 산자락 실계곡 아지랑이 따라

화엄경을 타고 화엄의 세상으로

수많은 진리의 꽃으로 장엄한 부처님 최초의 노래

화장세계 그 속으로 말입니다.

우리의 마음은 화가와 같다고 하였던가요.

하얀 종이 위에 화엄의 그림을

그려 보시지요.

내가 누구인가 자유롭게 그려 보시지요.

우납이 역주한 『청량국사 화엄경소초』 제9권에 화엄전기를 인용하여 말하기를,
수나라 혜오 스님은 매일같이 화엄경을 독송한 공덕으로 산신의 공양청을 받았고
일천 명 나한의 최고 상석에 자리하셨으며,

번현지樊玄智는 두순의 제자로 매일같이 화엄경을 독송하여 입안에 백과의 사리를
얻었고,

혜우 스님은 지엄의 제자로 매일같이 밤마다 향을 사르고 여래출현품을 독송함에
황금색신의 열 보살이 광명을 놓고 연꽃자리에 앉아 있다가 홀연히 사라지는 모습을
보았으며,

혹은 화엄경을 독송하고 서사함에 한겨울에도 접시꽃이 예쁘게 피어났고 상서로운
새들이 꽃을 물고 왔다 하였으며,

왕명관은 사구게송만 독송하고도 지옥에서 헤어나 인도에 환생하였다 하였으니
그 화엄경을 독송한 가피와 공덕은 이루 다 말할 수가 없습니다.

어떻습니까.
이 상서와 가피를 가슴에 그리며 봄나래 타고 화장세계 속으로 나와 모든 사람들이
평온으로 웃는 그날까지 여행을 떠나 보지 않으시겠습니까.
이 화엄경 독경본은 화장세계 여행 그 나들이를 위하여 세상에 나온 것입니다.

2022년 3월 6일
승학산 화장원에서 관허

화장세계품③

모든 불자여, 이 연꽃 인다라 그물의 향수해를 오른쪽으로 돌아 다음으로 향수해가 있나니 이름이 보배향을 쌓아 모은 창고요

　세계종은 이름이 일체 위덕으로 장엄한 것입니다.

　일체 부처님 법륜의 음성으로써 체성을 삼았습니다.

　이 가운데 최고 하방에 세계가 있나니 이름이 가지가지를 출생하는 것입니다.

　그 형상이 금강과 같으며

　가지가지 금강산의 당기를 의지하여 안주하며

　금강의 보배 광명의 구름이 그 위를 덮었으며

　부처님의 국토에 작은 티끌 수만치 많은 세계가

에워쌌으며

　순일하게 청정하며

　부처님의 이름은 연꽃 눈입니다.

　이 위에 부처님의 국토에 작은 티끌 수만치 많은
세계를 지나 세계가 있나니 이름이 환희로 보게
하는 음성이요

　부처님의 이름은 기뻐하고 즐거워함을 내게 하는
것입니다.

　이 위에 부처님의 국토에 작은 티끌 수만치 많은
세계를 지나 세계가 있나니 이름이 보배로 장엄한
당기요

　부처님의 이름은 일체 지혜입니다.

　이 위에 부처님의 국토에 작은 티끌 수만치 많은
세계를 지나 세계가 있나니 이름이 다라꽃이 널리
비추는 것이요

부처님의 이름은 때 없는 고요한 음성입니다.

이 위에 부처님의 국토에 작은 티끌 수만치 많은 세계를 지나 세계가 있나니 이름이 변화의 광명이요

부처님의 이름은 청정한 허공에 지혜의 달입니다.

이 위에 부처님의 국토에 작은 티끌 수만치 많은 세계를 지나 세계가 있나니 이름이 수많은 묘한 보배로 사이에 섞어 꾸민 것이요

부처님의 이름은 복덕의 바다에 조밀한 구름의 모습을 열어 보이는 것입니다.

이 위에 부처님의 국토에 작은 티끌 수만치 많은 세계를 지나 세계가 있나니 이름이 일체 장엄구에서 나는 묘한 음성이요

부처님의 이름은 환희의 구름입니다.

이 위에 부처님의 국토에 작은 티끌 수만치 많은 세계를 지나 세계가 있나니 이름이 연꽃 못이요

부처님의 이름은 이름 드날리는 당기입니다.

이 위에 부처님의 국토에 작은 티끌 수만치 많은 세계를 지나 세계가 있나니 이름이 일체 보배로 장엄한 것이요

부처님의 이름은 빈신頻申하여 관찰하는 눈입니다.

이 위에 부처님의 국토에 작은 티끌 수만치 많은 세계를 지나 세계가 있나니 이름이 청정하고 묘한 꽃이요

부처님의 이름은 끝없는 금강의 지혜입니다.

이 위에 부처님의 국토에 작은 티끌 수만치 많은 세계를 지나 세계가 있나니 이름이 연꽃으로 장엄한 성이요

부처님의 이름은 태양으로 갈무리한 눈에 넓은 광명입니다.

이 위에 부처님의 국토에 작은 티끌 수만치 많은 세계를 지나 세계가 있나니 이름이 한량없는 나무 봉우리요

부처님의 이름은 일체 진리의 우뢰소리입니다.

이 위에 부처님의 국토에 작은 티끌 수만치 많은 세계를 지나 세계가 있나니 이름이 태양 광명이요

부처님의 이름은 한량없는 지혜를 열어 보이는 것입니다.

이 위에 부처님의 국토에 작은 티끌 수만치 많은 세계를 지나 세계가 있나니 이름이 연꽃잎을 의지하는 것이요

부처님의 이름은 일체 복덕의 산입니다.

이 위에 부처님의 국토에 작은 티끌 수만치 많은 세계를 지나 세계가 있나니 이름이 바람이 널리 주지하는 것이요

부처님의 이름은 태양이 비치는 근본입니다.

이 위에 부처님의 국토에 작은 티끌 수만치 많은 세계를 지나 세계가 있나니 이름이 광명이 나타나는 것이요

부처님의 이름은 신광身光이 널리 비추는 것입니다.

이 위에 부처님의 국토에 작은 티끌 수만치 많은 세계를 지나 세계가 있나니 이름이 향기의 우뢰소리에 금강의 보배가 널리 비추는 것이요

부처님의 이름은 가장 수승한 꽃이 핀 모습입니다.

이 위에 부처님의 국토에 작은 티끌 수만치 많은 세계를 지나 세계가 있나니 이름이 제석의 그물로 장엄한 것입니다.

그 형상이 난간과 같으며

일체 장엄의 바다를 의지하여 안주하며

광명의 불꽃 나는 누각의 구름이 그 위를 가득히 덮었으며

스물 부처님의 국토에 작은 티끌 수만치 많은 세계가 에워쌌으며

순일하게 청정하며

부처님의 이름은 두려움이 없는 구름을 시현하는

것입니다.

　모든 불자여, 이 보배 향을 쌓아 모으는 창고의
향수해를 오른쪽으로 돌아 다음으로 향수해가 있나
니 이름이 보배로 장엄한 것이요

　세계종은 이름이 널리 때가 없는 것입니다.

　일체 작은 티끌 가운데 부처님의 세계에 신통
변화의 음성으로 체성을 삼았습니다.

　이 가운데 최고 하방에 세계가 있나니 이름이
청정하고 묘하고 평탄한 것입니다.

　그 형상이 보배의 몸과 같으며

　일체 보배 광명 바퀴의 바다를 의지하여 안주하며

　가지가지 전단향 마니 진주의 구름이 그 위를
가득히 덮었으며

　부처님의 국토에 작은 티끌 수만치 많은 세계가
에워쌌으며

순일하게 청정하며

부처님의 이름은 꺾어 절복하기 어렵고 비등할 수 없는 당기입니다.

이 위에 부처님의 국토에 작은 티끌 수만치 많은 세계를 지나 세계가 있나니 이름이 치연하게 묘한 장엄이요

부처님의 이름은 연꽃의 지혜에 신통의 왕입니다.

이 위에 부처님의 국토에 작은 티끌 수만치 많은 세계를 지나 세계가 있나니 이름이 미묘한 모습 바퀴의 당기요

부처님의 이름은 시방에 크게 이름 드날리는 끝없는 광명입니다.

이 위에 부처님의 국토에 작은 티끌 수만치 많은 세계를 지나 세계가 있나니 이름이 불꽃 창고에 마니로 묘하게 장엄한 것이요

부처님의 이름은 큰 지혜자를 보고 들음에 다 환희케 하는 것입니다.

이 위에 부처님의 국토에 작은 티끌 수만치 많은 세계를 지나 세계가 있나니 이름이 묘한 꽃으로 장엄한 것이요

부처님의 이름은 한량없는 힘에 가장 수승한 지혜입니다.

이 위에 부처님의 국토에 작은 티끌 수만치 많은 세계를 지나 세계가 있나니 이름이 깨끗한 미진을 출생하는 것이요

부처님의 이름은 범천보다 뛰어나 수승한 것입니다.

이 위에 부처님의 국토에 작은 티끌 수만치 많은 세계를 지나 세계가 있나니 이름이 넓은 광명에 변화하는 향기요

부처님의 이름은 향상香象금강의 큰 세력입니다.

이 위에 부처님의 국토에 작은 티끌 수만치 많은 세계를 지나 세계가 있나니 이름이 광명이 도는 것이요

부처님의 이름은 뜻을 이루는 좋은 이름입니다.

이 위에 부처님의 국토에 작은 티끌 수만치 많은 세계를 지나 세계가 있나니 이름이 보배 영락의 바다요

부처님의 이름은 비교할 수 없는 광명이 두루 비추는 것입니다.

이 위에 부처님의 국토에 작은 티끌 수만치 많은 세계를 지나 세계가 있나니 이름이 묘한 연꽃 등의 당기요

부처님의 이름은 구경의 공덕에 걸림 없는 지혜의 등불입니다.

이 위에 부처님의 국토에 작은 티끌 수만치 많은 세계를 지나 세계가 있나니 이름이 선교善巧로 장엄

한 것이요

부처님의 이름은 지혜의 태양 바라밀입니다.

이 위에 부처님의 국토에 작은 티끌 수만치 많은 세계를 지나 세계가 있나니 이름이 전단 꽃에 넓은 광명이요

부처님의 이름은 끝없는 지혜에 법계의 음성입니다.

이 위에 부처님의 국토에 작은 티끌 수만치 많은 세계를 지나 세계가 있나니 이름이 제석천 그물의 당기요

부처님의 이름은 등불 광명이 멀리 비추는 것입니다.

이 위에 부처님의 국토에 작은 티끌 수만치 많은 세계를 지나 세계가 있나니 이름이 청정한 꽃의 바퀴요

부처님의 이름은 법계 태양의 광명입니다.

이 위에 부처님의 국토에 작은 티끌 수만치 많은 세계를 지나 세계가 있나니 이름이 위대하게 비추는 것이요

부처님의 이름은 끝없는 공덕의 바다에 법륜의 음성입니다.

이 위에 부처님의 국토에 작은 티끌 수만치 많은 세계를 지나 세계가 있나니 이름이 다 같이 보배 연꽃 못에 안주하는 것이요

부처님의 이름은 가히 사의할 수 없는 지혜에 들어감을 열어 보이는 것입니다.

이 위에 부처님의 국토에 작은 티끌 수만치 많은 세계를 지나 세계가 있나니 이름이 평탄한 땅이요

부처님의 이름은 공덕의 보배에 광명의 왕입니다.

이 위에 부처님의 국토에 작은 티끌 수만치 많은 세계를 지나 세계가 있나니 이름이 향기 나는 마니의 뭉치요

부처님의 이름은 끝없는 복덕의 바다에 묘하게 장엄한 것입니다.

이 위에 부처님의 국토에 작은 티끌 수만치 많은 세계를 지나 세계가 있나니 이름이 미묘한 광명이요

부처님의 이름은 비등할 수 없는 힘으로 널리 두루하는 음성입니다.

이 위에 부처님의 국토에 작은 티끌 수만치 많은 세계를 지나 세계가 있나니 이름이 시방에 널리 견고하게 장엄하여 비추는 것입니다.

그 형상이 팔우八隅이며

심왕心王 마니 바퀴의 바다를 의지하여 안주하며

일체 보배로 장엄한 휘장의 구름이 그 위를 가득히 덮었으며

스물 부처님의 국토에 작은 티끌 수만치 많은 세계가 에워쌌으며

순일하게 청정하며

부처님의 이름은 넓은 눈에 큰 광명의 등불입니다.

모든 불자여, 이 보배로 장엄한 향수해를 오른쪽
으로 돌아 다음으로 향수해가 있나니 이름이 금강
보배의 뭉치요

세계종은 이름이 법계의 행입니다.

일체 보살의 지위에 방편 진리의 음성으로써 체성
을 삼았습니다.

이 가운데 최고 하방에 세계가 있나니 이름이
청정한 광명이 비추는 것입니다.

그 형상이 구슬을 꿴 것과 같으며

일체 보배 색깔 구슬의 바다를 의지하여 안주하며

보살의 진주 상투 광명에 마니의 구름이 그 위를
덮었으며

부처님의 국토에 작은 티끌 수만치 많은 세계가
에워쌌으며

순일하게 청정하며

부처님의 이름은 가장 수승한 공덕의 광명입니다.

이 위에 부처님의 국토에 작은 티끌 수만치 많은
세계를 지나 세계가 있나니 이름이 묘한 일산이요
부처님의 이름은 법에 자재한 지혜입니다.

이 위에 부처님의 국토에 작은 티끌 수만치 많은
세계를 지나 세계가 있나니 이름이 보배로 장엄한
사자의 자리요

부처님의 이름은 큰 용이 사는 못입니다.

이 위에 부처님의 국토에 작은 티끌 수만치 많은
세계를 지나 세계가 있나니 이름이 금강의 자리를
출현하는 것이요

부처님의 이름은 사자의 자리 연화대에 오르는
것입니다.

이 위에 부처님의 국토에 작은 티끌 수만치 많은

세계를 지나 세계가 있나니 이름이 연꽃의 수승한 음성이요

부처님의 이름은 지혜의 광명으로 널리 깨닫게 하는 것입니다.

이 위에 부처님의 국토에 작은 티끌 수만치 많은 세계를 지나 세계가 있나니 이름이 좋은 관습이요

부처님의 이름은 지지持地의 묘한 광명의 왕입니다.

이 위에 부처님의 국토에 작은 티끌 수만치 많은 세계를 지나 세계가 있나니 이름이 기뻐하고 즐거워하는 음성이요

부처님의 이름은 법등의 왕입니다.

이 위에 부처님의 국토에 작은 티끌 수만치 많은 세계를 지나 세계가 있나니 이름이 마니의 창고에 인다라의 그물이요

부처님의 이름은 헛되이 보지 않는 것입니다.

이 위에 부처님의 국토에 작은 티끌 수만치 많은

세계를 지나 세계가 있나니 이름이 수많은 묘한 땅의 창고요

부처님의 이름은 불꽃 몸의 당기입니다.

이 위에 부처님의 국토에 작은 티끌 수만치 많은 세계를 지나 세계가 있나니 이름이 황금 광명의 바퀴요

부처님의 이름은 중생의 행을 청정하게 다스리는 것입니다.

이 위에 부처님의 국토에 작은 티끌 수만치 많은 세계를 지나 세계가 있나니 이름이 수미산 장엄이요

부처님의 이름은 일체 공덕의 구름이 널리 비추는 것입니다.

이 위에 부처님의 국토에 작은 티끌 수만치 많은 세계를 지나 세계가 있나니 이름이 수많은 나무의 형상이요

부처님의 이름은 보배 연꽃 모습에 맑은 달 깨달음

입니다.

이 위에 부처님의 국토에 작은 티끌 수만치 많은 세계를 지나 세계가 있나니 이름이 두려움이 없는 것이요

부처님의 이름은 가장 수승한 황금 광명의 횃불입니다.

이 위에 부처님의 국토에 작은 티끌 수만치 많은 세계를 지나 세계가 있나니 이름이 큰 이름 드날리는 용왕의 당기요

부처님의 이름은 평등한 일체법을 관찰하는 것입니다.

이 위에 부처님의 국토에 작은 티끌 수만치 많은 세계를 지나 세계가 있나니 이름이 마니색을 시현하는 것이요

부처님의 이름은 변화하는 태양입니다.

이 위에 부처님의 국토에 작은 티끌 수만치 많은

세계를 지나 세계가 있나니 이름이 광명의 불꽃등으로 장엄한 것이요

부처님의 이름은 보배 일산 광명이 두루 비추는 것입니다.

이 위에 부처님의 국토에 작은 티끌 수만치 많은 세계를 지나 세계가 있나니 이름이 향기 광명의 구름이요

부처님의 이름은 사유하는 지혜입니다.

이 위에 부처님의 국토에 작은 티끌 수만치 많은 세계를 지나 세계가 있나니 이름이 원수가 없는 것이요

부처님의 이름은 정진하는 수승한 지혜의 바다입니다.

이 위에 부처님의 국토에 작은 티끌 수만치 많은 세계를 지나 세계가 있나니 이름이 일체 장엄구에서 나오는 광명의 당기요

부처님의 이름은 마음을 기쁘게 하는 연꽃을 널리 나타내는 자재한 왕입니다.

이 위에 부처님의 국토에 작은 티끌 수만치 많은 세계를 지나 세계가 있나니 이름이 백호상 장엄입니다.

그 형상이 반달과 같으며

수미산 마니 꽃 바다를 의지하여 안주하며

일체 장엄이 치성한 마니왕의 구름이 그 위를 덮었으며

스물 부처님의 국토에 작은 티끌 수만치 많은 세계가 에워쌌으며

순일하게 청정하며

부처님의 이름은 청정한 눈입니다.

모든 불자여, 이 금강보배 뭉치의 향수해를 오른 쪽으로 돌아 다음으로 향수해가 있나니 이름이 천성

에 보배의 담이요

세계종은 이름이 등燈 불꽃 광명입니다.

일체 평등한 법륜의 음성을 시현하는 것으로써 체성을 삼았습니다.

이 가운데 최고 하방에 세계가 있나니 이름이 보배 달빛 불꽃의 바퀴입니다.

그 형상이 일체 장엄구와 같으며

일체 보배로 장엄한 꽃의 바다를 의지하여 안주 하며

유리 색상에 사자좌의 구름이 그 위를 덮었으며

부처님의 국토에 작은 티끌 수만치 많은 세계가 에워쌌으며

순일하게 청정하며

부처님의 이름은 해와 달의 자재한 광명입니다.

이 위에 부처님의 국토에 작은 티끌 수만치 많은

세계를 지나 세계가 있나니 이름이 수미산 보배의 광명이요

부처님의 이름은 끝없는 진리 보배의 당기입니다.

이 위에 부처님의 국토에 작은 티끌 수만치 많은 세계를 지나 세계가 있나니 이름이 수없이 묘한 광명의 당기요

부처님의 이름은 큰 꽃의 뭉치입니다.

이 위에 부처님의 국토에 작은 티끌 수만치 많은 세계를 지나 세계가 있나니 이름이 마니 광명의 꽃이요

부처님의 이름은 사람 가운데 가장 자재분입니다.

이 위에 부처님의 국토에 작은 티끌 수만치 많은 세계를 지나 세계가 있나니 이름이 넓은 음성이요

부처님의 이름은 일체 지혜가 두루 비추는 것입니다.

이 위에 부처님의 국토에 작은 티끌 수만치 많은

세계를 지나 세계가 있나니 이름이 큰 나무 긴나라 음성이요

부처님의 이름은 한량없는 복덕이 자재한 용입니다.

이 위에 부처님의 국토에 작은 티끌 수만치 많은 세계를 지나 세계가 있나니 이름이 끝없는 청정한 광명이요

부처님의 이름은 공덕 보배 꽃의 광명입니다.

이 위에 부처님의 국토에 작은 티끌 수만치 많은 세계를 지나 세계가 있나니 이름이 가장 수승한 음성이요

부처님의 이름은 일체 지혜로 장엄한 것입니다.

이 위에 부처님의 국토에 작은 티끌 수만치 많은 세계를 지나 세계가 있나니 이름이 수많은 보배로 사이에 꾸민 것이요

부처님의 이름은 보배 불꽃 수미산입니다.

이 위에 부처님의 국토에 작은 티끌 수만치 많은 세계를 지나 세계가 있나니 이름이 청정한 수미산의 음성이요

부처님의 이름은 일체행을 출현하는 광명입니다.

이 위에 부처님의 국토에 작은 티끌 수만치 많은 세계를 지나 세계가 있나니 이름이 향수의 일산이요

부처님의 이름은 일체 바라밀의 걸림 없는 바다입니다.

이 위에 부처님의 국토에 작은 티끌 수만치 많은 세계를 지나 세계가 있나니 이름이 사자 꽃 그물이요

부처님의 이름은 보배 불꽃 당기입니다.

이 위에 부처님의 국토에 작은 티끌 수만치 많은 세계를 지나 세계가 있나니 이름이 금강의 묘한 꽃 등불이요

부처님의 이름은 일체 큰 서원의 광명입니다.

이 위에 부처님의 국토에 작은 티끌 수만치 많은

세계를 지나 세계가 있나니 이름이 일체 진리 광명의 땅이요

부처님의 이름은 일체 진리의 광대하고 진실한 뜻입니다.

이 위에 부처님의 국토에 작은 티끌 수만치 많은 세계를 지나 세계가 있나니 이름이 진주 가루로 평탄하게 장엄한 것이요

부처님의 이름은 수승한 지혜 광명의 그물입니다.

이 위에 부처님의 국토에 작은 티끌 수만치 많은 세계를 지나 세계가 있나니 이름이 유리 꽃이요

부처님의 이름은 보배로 쌓은 당기입니다.

이 위에 부처님의 국토에 작은 티끌 수만치 많은 세계를 지나 세계가 있나니 이름이 한량없는 묘한 광명의 바퀴요

부처님의 이름은 큰 위력 지혜의 바다 창고입니다.

이 위에 부처님의 국토에 작은 티끌 수만치 많은

세계를 지나 세계가 있나니 이름이 시방을 밝게 보는 것이요

부처님의 이름은 일체 공덕을 청정하게 닦는 당기입니다.

이 위에 부처님의 국토에 작은 티끌 수만치 많은 세계를 지나 세계가 있나니 이름이 가히 애락愛樂할 범천의 음성입니다.

그 형상이 부처님의 손과 같으며

보배 광명 그물의 바다를 의지하여 안주하며

보살의 몸으로 일체 장엄한 구름이 그 위를 덮었으며

스물 부처님의 국토에 작은 티끌 수만치 많은 세계가 에워쌌으며

순일하게 청정하며

부처님의 이름은 법계를 널리 비추는 걸림 없는 광명입니다.

그때에 보현보살이 다시 대중에게 일러 말하기를

모든 불자여, 저 때를 떠난 불꽃 창고의 향수해 동쪽에 다음으로 향수해가 있나니 이름이 변화하는 미묘한 몸이요

이 향수해 가운데 세계종이 있나니 이름이 차별을 잘 알리는 방위입니다.

다음으로 향수해가 있나니 이름이 금강 눈의 당기요

세계종은 이름이 법계를 장엄하는 다리입니다.

다음으로 향수해가 있나니 이름이 가지가지 연꽃으로 묘하게 장엄한 것이요

세계종은 이름이 항상 시방에 변화를 출생하는 것입니다.

다음으로 향수해가 있나니 이름이 간단없는 보배 왕의 바퀴요

세계종은 이름이 보배 연꽃 줄기에 조밀한 구름입

니다.

다음으로 향수해가 있나니 이름이 묘한 향기 불꽃으로 널리 장엄한 것이요

세계종은 이름이 비로자나의 변화하는 행입니다.

다음으로 향수해가 있나니 이름이 보배 가루 염부단금의 당기요

세계종은 이름이 모든 부처님이 보호하고 염려하는 경계입니다.

다음으로 향수해가 있나니 이름이 일체 색상이 치연한 광명이요

세계종은 이름이 수승한 광명이 두루 비추는 것입니다.

다음으로 향수해가 있나니 이름이 일체 장엄구의 경계요

세계종은 이름이 보배 불꽃 등燈입니다.

이와 같은 등 가히 말할 수 없는 부처님의 국토에

작은 티끌 수만치 많은 향수해가 있습니다.

그 윤위산에 가장 가까운 향수해는 이름이 파려의 땅이요

세계종은 이름이 항상 광명을 놓는 것입니다.

세계의 바다에 청정한 세월(劫)의 음성으로써 체성을 삼았습니다.

이 가운데 최고 하방에 세계가 있나니 이름이 가히 좋아하고 즐거워할 청정한 광명의 당기입니다.

부처님의 국토에 작은 티끌 수만치 많은 세계가 에워쌌으며

순일하게 청정하며

부처님의 이름은 가장 수승한 삼매에 정진의 지혜입니다.

이 위에 열 부처님의 국토에 작은 티끌 수만치 많은 세계를 지나서 금강당 세계로 더불어 같은 세계가 있나니 이름이 향기로 장엄한 당기입니다.

열 부처님의 국토에 작은 티끌 수만치 많은 세계가 에워쌌으며

순일하게 청정하며

부처님의 이름은 걸림 없는 법계의 등불입니다.

이 위에 세 부처님의 국토에 작은 티끌 수만치 많은 세계를 지나 사바세계로 더불어 같은 세계가 있나니 이름이 광명을 놓는 창고요

부처님의 이름은 온 법계에 걸림이 없는 지혜의 광명입니다.

이 위에 일곱 부처님의 국토에 작은 티끌 수만치 많은 세계를 지나 이 세계종의 최고 상방에 이르러 세계가 있나니 이름이 가장 수승한 몸의 향기입니다.

스물 부처님의 국토에 작은 티끌 수만치 많은 세계가 에워쌌으며

순일하게 청정하며

부처님의 이름은 각분覺分의 꽃입니다.

모든 불자여, 저 끝없는 광명 바퀴의 향수해 밖에 다음으로 향수해가 있나니 이름이 묘한 광명을 구족한 것이요

세계종은 이름이 두루 때가 없는 것입니다.

다음으로 향수해가 있나니 이름이 광명이 비치는 일산이요

세계종은 이름이 끝없이 널리 장엄한 것입니다.

다음으로 향수해가 있나니 이름이 묘한 보배로 장엄한 것이요

세계종은 이름이 향기 나는 마니에 법도 있는 모습입니다.

다음으로 향수해가 있나니 이름이 부처님의 음성을 내는 것이요

세계종은 이름이 잘 건립하여 장엄한 것입니다.

다음으로 향수해가 있나니 이름이 당기 수미산의 창고요

세계종은 이름이 광명이 두루 가득한 것입니다.

다음으로 향수해가 있나니 이름이 전단향의 묘한 광명이요

세계종은 이름이 연꽃 불꽃의 바퀴입니다.

다음으로 향수해가 있나니 이름이 바람의 힘으로 주지하는 것이요

세계종은 이름이 보배 불꽃 구름의 당기입니다.

다음으로 향수해가 있나니 이름이 제석천신으로 장엄한 것이요

세계종은 이름이 진주의 창고입니다.

다음으로 향수해가 있나니 이름이 평단하게 장엄 되어 청정한 것이요

세계종은 이름이 비유리 가루로 가지가지 장엄한 것입니다.

이와 같은 등 가히 말할 수 없는 부처님의 국토에 작은 티끌 수만치 많은 향수해가 있습니다.

그 윤위산에 가장 가까운 향수해는 이름이 묘한 나무의 꽃이요

세계종은 이름이 모든 방정하고 광대함을 출생하는 세계입니다.

일체 부처님이 마군을 꺾어 절복시키는 음성으로써 체성을 삼았습니다.

이 가운데 최고 하방에 세계가 있나니 이름이 불꽃 횃불 당기요

부처님의 이름은 세간 공덕의 바다입니다.

이 위에 열 부처님의 국토에 작은 티끌 수만치 많은 세계를 지나 금강당 세계로 더불어 같은 세계가 있나니 이름이 보배를 출생하는 것이요

부처님의 이름은 사자의 힘에 보배의 구름입니다.

이 위에 사바세계로 더불어 같은 세계가 있나니 이름이 의복의 당기요

부처님의 이름은 일체 지혜 바다의 왕입니다.

이 세계종의 최고 상방에 세계가 있나니 이름이 보배 영락 걸친 사자의 광명이요

부처님의 이름은 잘 변화하는 연꽃의 당기입니다.

모든 불자여, 저 금강 불꽃 광명의 향수해 밖에 다음으로 향수해가 있나니 이름이 일체 장엄구로 비추어 꾸민 당기요

세계종은 이름이 청정한 행으로 장엄한 것입니다.

다음으로 향수해가 있나니 이름이 일체 보배 꽃에 광명이 비치는 바다요

세계종은 이름이 공덕의 모습으로 장엄한 것입니다.

다음으로 향수해가 있나니 이름이 연꽃이 피는 것이요

세계종은 이름이 보살의 마니관으로 장엄한 것입니다.

다음으로 향수해가 있나니 이름이 묘한 보배 의복이요

세계종은 이름이 청정한 구슬의 바퀴입니다.

다음으로 향수해가 있나니 이름이 가히 좋아할 꽃이 두루 비추는 것이요

세계종은 이름이 백 가지 광명의 구름이 비추는 것입니다.

다음으로 향수해가 있나니 이름이 허공에 두루하는 큰 광명이요

세계종은 이름이 보배 광명이 널리 비추는 것입니다.

다음으로 향수해가 있나니 이름이 묘한 꽃으로 장엄한 당기요

세계종은 이름이 황금 달 눈에 영락입니다.

다음으로 향수해가 있나니 진주 향기 바다에 창고요

세계종은 이름이 부처님의 광명입니다.

다음으로 향수해가 있나니 이름이 보배 바퀴의 광명이요

세계종은 이름이 부처님의 경계를 잘 화현하는 광명입니다.

이와 같은 등 가히 말할 수 없는 부처님의 국토에 작은 티끌 수만치 많은 향수해가 있습니다.

그 윤위산에 가장 가까운 향수해는 이름이 끝없는 바퀴로 바닥을 장엄한 것이요

세계종은 이름이 한량없는 방위가 차별한 것입니다.

일체 국토에 가지가지 말과 음성으로써 체성을 삼았습니다.

이 가운데 최고 하방에 세계가 있나니 이름이 금강 꽃의 일산이요

부처님의 이름은 끝없는 모습의 광명에 넓은 문의

음성입니다.

이 위에 열 부처님의 국토에 작은 티끌 수만치 많은 세계를 지나 세계가 있으되 금강당 세계로 더불어 같나니 이름이 보배 옷을 출생하는 당기요

부처님의 이름은 복덕의 구름이 크게 위세한 것입니다.

이 위에 사바세계로 더불어 같은 세계가 있나니 이름이 수많은 보배 횃불로 묘하게 장엄한 것이요

부처님의 이름은 수승한 지혜의 바다입니다.

이 세계종의 최고 상방에 세계가 있나니 이름이 태양의 광명에 의복의 당기요

부처님의 이름은 지혜의 태양 연꽃의 구름입니다.

모든 불자여, 저 제석의 푸른 보배로 장엄한 향수해 밖에 다음으로 향수해가 있나니 이름이 아수라 궁전이요

세계종은 이름이 향수의 광명으로 주지하는 바입니다.

다음으로 향수해가 있나니 이름이 보배 사자로 장엄한 것이요

세계종은 이름이 시방에 일체 보배를 두루 시현한 것입니다.

다음으로 향수해가 있나니 이름이 궁전 색상 광명의 구름이요

세계종은 이름이 보배 바퀴로 묘하게 장엄한 것입니다.

다음으로 향수해가 있나니 이름이 큰 연꽃을 출생하는 것이요

세계종은 이름이 묘하게 장엄하여 법계를 두루 비추는 것입니다.

다음으로 향수해가 있나니 이름이 등불 꽃 묘한 눈이요

세계종은 이름이 시방에 변화를 두루 관찰하는 것입니다.

다음으로 향수해가 있나니 이름이 사의할 수 없는 장엄의 바퀴요

세계종은 이름이 시방에 광명이 널리 그 이름이 드날리는 것입니다.

다음으로 향수해가 있나니 이름이 보배로 쌓아 장엄한 것이요

세계종은 이름이 등불 광명이 비추는 것입니다.

다음으로 향수해가 있나니 이름이 청정한 보배 광명이요

세계종은 이름이 수미산이 능히 바람을 막을 수는 없는 것입니다.

다음으로 향수해가 있나니 이름이 보배 의복의 난간이요

세계종은 이름이 여래의 몸에 광명입니다.

이와 같은 등 가히 말할 수 없는 부처님의 국토에 작은 티끌 수만치 많은 향수해가 있습니다.

그 윤위산에 가장 가까운 향수해는 이름이 나무로 장엄한 당기요

세계종은 이름이 안주하는 제석의 그물입니다.

일체 보살 지혜의 땅에 음성으로써 체성을 삼았습니다.

이 가운데 최고 하방에 세계가 있나니 이름이 묘한 황금색이요

부처님의 이름은 향기 불꽃의 수승하고 위대한 광명입니다.

이 위에 열 부처님의 국토에 작은 티끌 수만치 많은 세계를 지나 금강당 세계로 더불어 같은 세계가 있나니 이름이 마니 나무의 꽃이요

부처님의 이름은 걸림 없이 널리 나타내는 것입니다.

이 위에 사바세계로 더불어 같은 세계가 있나니 이름이 비유리로 묘하게 장엄한 것이요

부처님의 이름은 법에 자재한 견고한 지혜입니다.

이 세계종의 최고 상방에 세계가 있나니 이름이 범천의 소리로 묘하게 장엄한 것이요

부처님의 이름은 연꽃을 피우는 광명의 왕입니다.

모든 불자여, 저 금강의 바퀴로 바닥을 장엄한 향수해 밖에 다음으로 향수해가 있나니 이름이 연꽃을 화현하는 곳이요

세계종은 이름이 국토가 평정한 것입니다.

다음으로 향수해가 있나니 이름이 마니의 광명이요

세계종은 이름이 온 법계가 미혹함이 없는 것입니다.

다음으로 향수해가 있나니 이름이 수없이 묘한

향기에 태양의 마니요

세계종은 이름이 시방에 널리 나타나는 것입니다.

다음으로 향수해가 있나니 이름이 항상 보배의 물 흐름을 받아들이는 것이요

세계종은 이름이 널리 행하는 부처님의 말과 음성입니다.

다음으로 향수해가 있나니 이름이 끝없이 깊고 묘한 음성이요

세계종은 이름이 끝없는 방위가 차별한 것입니다.

다음으로 향수해가 있나니 이름이 견실하게 쌓아 모은 것이요

세계종은 이름이 한량없는 처소가 차별한 것입니다.

다음으로 향수해가 있나니 이름이 청정한 범천의 음성이요

세계종은 이름이 널리 청정하게 장엄한 것입니다.

다음으로 향수해가 있나니 이름이 전단 난간에
음성의 창고요

세계종은 이름이 멀리 벗어난 당기입니다.

다음으로 향수해가 있나니 이름이 묘한 향기에
보배왕의 광명으로 장엄한 것이요

세계종은 이름이 널리 광명을 나타내는 힘입니다.

모든 불자여, 저 연꽃 다라니 그물의 향수해 밖에
다음으로 향수해가 있나니 이름이 은銀 연꽃으로
묘하게 장엄한 것이요

세계종은 이름이 널리 두루하는 행입니다.

다음으로 향수해가 있나니 이름이 비유리 죽밀竹
密 불꽃의 구름이요

세계종은 이름이 널리 시방의 음성을 내는 것입
니다.

다음으로 향수해가 있나니 이름이 시방의 광명

불꽃 뭉치요

세계종은 이름이 항상 변화를 내어 시방에 분포하는 것입니다.

다음으로 향수해가 있나니 이름이 진금 마니 당기를 출현하는 것이요

세계종은 이름이 금강 당기의 모습입니다.

다음으로 향수해가 있나니 이름이 평등하게 크게 장엄한 것이요

세계종은 이름이 법계를 용맹스레 도는 것입니다.

다음으로 향수해가 있나니 이름이 보배 꽃에 모두 끝없는 광명이요

세계종은 이름이 끝없는 청정한 광명입니다.

다음으로 향수해가 있나니 이름이 묘한 황금의 당기요

세계종은 이름이 미밀微密함을 연설하는 처소입니다.

다음으로 향수해가 있나니 이름이 광명의 그림자가 두루 비추는 것이요

세계종은 이름이 널리 장엄하는 것입니다.

다음으로 향수해가 있나니 이름이 고요한 음성이요

세계종은 이름이 앞에 나타나 내려 편 것입니다.

이와 같은 등 가히 말할 수 없는 부처님의 국토에 작은 티끌 수만치 많은 향수해가 있습니다.

그 윤위산에 가장 가까운 향수해는 이름이 조밀한 불꽃 구름 당기요

세계종은 이름이 일체광명으로 장엄한 것입니다.

일체 여래의 도량에 모인 대중의 음성으로써 체성을 삼았습니다.

이 최고 하방에 세계가 있나니 이름이 청정한 눈으로 장엄한 것이요

부처님의 이름은 금강의 달이 시방에 두루 비추는

것입니다.

이 위에 열 부처님의 국토에 작은 티끌 수만치 많은 세계를 지나 금강당 세계로 더불어 같은 세계가 있나니 이름이 연꽃 공덕이요

부처님의 이름은 큰 정진으로 잘 깨달은 지혜입니다.

이 위에 사바세계로 더불어 같은 세계가 있나니 이름이 금강으로 조밀하게 장엄한 것이요

부처님의 이름은 바라왕의 당기입니다.

이 위에 일곱 부처님의 국토에 작은 티끌 수만치 많은 세계를 지나 세계가 있나니 이름이 청정한 바다에 장엄한 것이요

부처님의 이름은 위덕이 짝할 수 없고 능히 제복할 수 없는 것입니다.

모든 불자여, 저 보배 향을 쌓아 모으는 창고의

향수해 밖에 다음으로 향수해가 있나니 이름이 일체 보배 광명이 두루 비추는 것이요

세계종은 이름이 때 없는 이름으로 장엄한 것입니다.

다음으로 향수해가 있나니 이름이 수많은 보배 꽃이 피는 것이요

세계종은 이름이 허공의 모습입니다.

다음으로 향수해가 있나니 이름이 길상의 휘장이 두루 비추는 것이요

세계종은 이름이 걸림 없는 광명으로 널리 장엄한 것입니다.

다음으로 향수해가 있나니 이름이 전단나무 꽃이요

세계종은 이름이 널리 시방에 나타나 도는 것입니다.

다음으로 향수해가 있나니 이름이 묘한 색상의

보배를 출생하는 것이요

세계종은 이름이 수승한 당기가 두루 가는 것입니다.

다음으로 향수해가 있나니 이름이 널리 금강의 꽃을 출생하는 것이요

세계종은 이름이 사의할 수 없는 장엄을 나타내는 것입니다.

다음으로 향수해가 있나니 이름이 심왕의 마니 바퀴로 장엄하여 꾸민 것이요

세계종은 이름이 걸림 없는 부처님의 광명을 시현한 것입니다.

다음으로 향수해가 있나니 이름이 보배 영락을 쌓아 모은 것이요

세계종은 이름이 의심을 맑게 제거하는 것입니다.

다음으로 향수해가 있나니 이름이 진주 바퀴로 널리 장엄한 것이요

세계종은 이름이 모든 부처님의 서원으로 유출한 바입니다.

이와 같은 등 가히 말할 수 없는 부처님의 국토에 작은 티끌 수만치 많은 향수해가 있습니다.

그 윤위산에 가장 가까운 향수해는 이름이 염부단 보배 창고의 바퀴요

세계종은 이름이 넓은 음성의 당기입니다.

일체 지혜문에 들어가는 음성으로써 체성을 삼았습니다.

이 가운데 최고 하방에 세계가 있나니 이름이 꽃술 불꽃이요

부처님의 이름은 정진하고 보시하는 것입니다.

이 위에 열 부처님의 국토에 작은 티끌 수만치 많은 세계를 지나 금강당 세계로 더불어 같은 세계가 있나니 이름이 연꽃 광명의 당기요

부처님의 이름은 일체 공덕이 가장 수승한 마음의

왕입니다.

이 위에 세 부처님의 국토에 작은 티끌 수만치 많은 세계를 지나 사바세계로 더불어 같은 세계가 있나니 이름이 십력으로 장엄한 것이요

부처님의 이름은 한량없는 공덕을 잘 출현하는 왕입니다.

이 세계종의 최고 하방에 세계가 있나니 이름이 마니 향기 산의 당기요

부처님의 이름은 광대하고 좋은 눈으로 의심을 맑게 제거하는 것입니다.

모든 불자여, 저 보배로 장엄한 향수해 밖에 다음 으로 향수해가 있나니 이름이 수미산 광명을 가진 창고요

세계종은 이름이 광대한 구름을 출생하는 것입 니다.

다음으로 향수해가 있나니 이름이 가지가지로 장엄한 큰 위력의 경계요

세계종은 이름이 걸림 없는 청정한 장엄입니다.

다음으로 향수해가 있나니 이름이 보배 연꽃을 조밀하게 펴는 것이요

세계종은 이름이 가장 수승한 등불로 장엄한 것입니다.

다음으로 향수해가 있나니 이름이 일체 보배를 의지하여 장엄한 것이요

세계종은 이름이 태양 광명 그물 창고입니다.

다음으로 향수해가 있나니 이름이 수많은 장엄이 청정한 것이요

세계종은 이름이 보배 꽃이 의지하는 곳입니다.

다음으로 향수해가 있나니 이름이 지극히 총명한 지혜의 행이요

세계종은 이름이 가장 수승한 형상으로 장엄한

것입니다.

다음으로 향수해가 있나니 이름이 묘한 마니봉우리를 가진 것이요

세계종은 이름이 널리 청정한 허공의 창고입니다.

다음으로 향수해가 있나니 이름이 큰 광명이 두루 비추는 것이요

세계종은 이름이 제석의 푸른 횃불 광명입니다.

다음으로 향수해가 있나니 이름이 가히 좋아할 마니주가 충만하여 두루 비추는 것이요

세계종은 이름이 널리 사자 우는 소리입니다.

이와 같은 등 가히 말할 수 없는 부처님의 국토에 작은 티끌 수만치 많은 향수해가 있습니다.

그 윤위산에 가장 가까운 향수해는 이름이 제석의 푸른 보배를 내는 것이요

세계종은 이름이 두루 차별이 없는 것입니다.

일체 보살의 진후震吼하는 음성으로써 체성을 삼

았습니다.

이 가운데 최고 하방에 세계가 있나니 이름이 묘하고 수승하게 장엄한 것이요

부처님의 이름은 가장 수승한 공덕의 지혜입니다.

이 위에 열 부처님의 국토에 작은 티끌 수만치 많은 세계를 지나 금강당 세계로 더불어 같은 세계가 있나니 이름이 장엄의 모습이요

부처님의 이름은 뛰어나고 수승한 큰 광명입니다.

이 위에 사바세계로 더불어 같은 세계가 있나니 이름이 유리 바퀴로 널리 장엄한 것이요

부처님의 이름은 수미산 등불입니다.

이 세계종의 최고 상방에 세계가 있나니 이름이 연꽃 당기 바다요

부처님의 이름은 끝없이 변화하는 묘한 지혜의 구름입니다.

모든 불자여, 저 금강 보배 뭉치의 향수해 밖에 다음으로 향수해가 있나니 이름이 높이 꾸민 보배 성가퀴요

세계종은 이름이 빼어난 보배의 당기입니다.

다음으로 향수해가 있나니 이름이 보배 당기로 장엄한 것이요

세계종은 이름이 일체광명을 나타내는 것입니다.

다음으로 향수해가 있나니 이름이 묘한 보배의 구름이요

세계종은 이름이 일체 보배로 장엄한 광명이 두루 비추는 것입니다.

다음으로 향수해가 있나니 이름이 보배 나무에 꽃으로 장엄한 것이요

세계종은 이름이 묘한 꽃으로 사이에 꾸민 것입니다.

다음으로 향수해가 있나니 이름이 묘한 보배 옷으

로 장엄한 것이요

　세계종은 이름이 광명의 바다입니다.

　다음으로 향수해가 있나니 이름이 보배 나무의 봉우리요

　세계종은 보배 불꽃의 구름입니다.

　다음으로 향수해가 있나니 이름이 광명을 시현한 것이요

　세계종은 이름이 금강의 걸림이 없는 바에 들어가는 것입니다.

　다음으로 향수해가 있나니 이름이 연꽃으로 널리 장엄한 것이요

　세계종은 이름이 끝없는 해안에 못입니다.

　다음으로 향수해가 있나니 이름이 묘한 보배로 장엄한 것이요

　세계종은 이름이 널리 국토를 시현하는 창고입니다.

이와 같은 등 가히 말할 수 없는 부처님의 국토에 작은 티끌 수만치 많은 향수해가 있습니다.

그 윤위산에 가장 가까운 향수해는 이름이 가히 무너뜨릴 수 없는 바다요

세계종은 이름이 묘한 바퀴로 사이에 섞은 연꽃의 도량입니다.

일체 부처님의 힘으로 유출한 바 음성으로써 체성을 삼았습니다.

이 가운데 최고 하방에 세계가 있나니 이름이 가장 묘한 향이요

부처님의 이름은 한량없는 티끌 수 광명을 변화하는 것입니다.

이 위에 열 부처님의 국토에 작은 티끌 수만치 많은 세계를 지나 금강당 세계로 더불어 같은 세계가 있나니 이름이 사의할 수 없이 차별한 장엄문이요

부처님의 이름은 한량없는 지혜입니다.

이 위에 사바세계로 더불어 같은 세계가 있나니 이름이 시방에 광명인 묘한 꽃의 창고요

부처님의 이름은 사자의 눈빛 불꽃 구름입니다.

이 최고 상방에 세계가 있나니 이름이 바다 음성이요

부처님의 이름은 수천水天의 광명 불꽃 문門입니다.

모든 불자여, 저 천성의 보배 성가퀴 향수해 밖에 다음으로 향수해가 있나니 이름이 불꽃 바퀴 빛나는 광명이요

세계종은 이름이 가히 말할 수 없는 가지가지로 장엄한 것입니다.

다음으로 향수해가 있나니 이름이 보배 미진 길이요

세계종은 한량없이 선회함에 널리 들어가는 것입니다.

다음으로 향수해가 있나니 이름이 일체 장엄을 갖춘 것이요

세계종은 이름이 보배 광명이 두루 비추는 것입니다.

다음으로 향수해가 있나니 이름이 수많은 보배 그물을 펴는 것이요

세계종은 이름이 깊고 비밀함을 안립하여 펴는 것입니다.

다음으로 향수해가 있나니 이름이 묘한 보배로 장엄한 당기요

세계종은 이름이 세계의 바다에 분명하게 아는 음성입니다.

다음으로 향수해가 있나니 이름이 태양 궁전에 청정한 그림자요

세계종은 이름이 인다라 그물에 두루 들어가는 것입니다.

다음으로 향수해가 있나니 이름이 일체 북을 치고 좋아하는 미묘美妙한 음성이요

세계종은 이름이 원만하고 평정한 것입니다.

다음으로 향수해가 있나니 이름이 가지가지로 묘하게 장엄한 것이요

세계종은 이름이 맑고 조밀한 광명 불꽃의 구름입니다.

다음으로 향수해가 있나니 이름이 보배 불꽃 등이 두루한 것이요

세계종은 이름이 부처님의 본래 서원을 따르는 가지가지 형상입니다.

이와 같은 등 가히 말할 수 없는 부처님의 국토에 작은 티끌 수만치 많은 향수해가 있습니다.

그 윤위산에 가장 가까운 향수해는 이름이 영락의 옷을 쌓아 모은 것이요

세계종은 이름이 묘한 옷을 화현한 것입니다.

삼세에 일체 부처님의 음성으로써 체성을 삼았습니다.

이 가운데 최고 하방에 향수해가 있나니 이름이 인다라 꽃의 창고요

세계는 이름이 환희를 발생하는 것입니다.

부처님의 국토에 작은 티끌 수만치 많은 세계가 에워쌌으며

순일하게 청정하며

부처님의 이름은 견실하게 깨달은 지혜입니다.

이 위에 열 부처님의 국토에 작은 티끌 수만치 많은 세계를 지나 금강당 세계로 더불어 같은 세계가 있나니 이름이 보배 그물로 장엄한 것입니다.

열 부처님의 국토에 작은 티끌 수만치 많은 세계가 에워쌌으며

순일하게 청정하며

부처님의 이름은 한량없는 환희의 광명입니다.

이 위에 세 부처님의 국토에 작은 티끌 수만치 많은 세계를 지나 사바세계로 더불어 같은 세계가 있나니 이름이 보배 연꽃 사자자리입니다.

열세 부처님의 국토에 작은 티끌 수만치 많은 세계가 에워쌌으며

부처님의 이름은 가장 청정하여 헛된 소문이 아닙니다.

이 위에 부처님의 국토에 작은 티끌 수만치 많은 세계를 지나 이 세계종의 최고 상방에 이르러 세계가 있나니 이름이 보배 색상 용龍의 광명입니다.

스물 부처님의 국토에 작은 티끌 수만치 많은 세계가 에워쌌으며

순일하게 청정하며

부처님의 이름은 온 법계를 널리 비추어 밝히는 것입니다.

모든 불자여, 이와 같이 열 곱절 가히 말할 수
없는 부처님의 국토에 작은 티끌 수만치 많은 향수해
가운데 열 곱절 가히 말할 수 없는 부처님의 국토에
작은 티끌 수만치 많은 세계종이 있나니 다 일체
보살의 형상을 나타내는 마니왕 당기로 장엄한 연꽃
을 의지하여 안주하며

각각 장엄한 끝이 간단이 없으며

각각 보배 색상의 광명을 놓으며

각각 광명의 구름이 그 위를 덮었으며

각각 장엄한 기구이며

각각 세월(劫)이 차별하며

각각 부처님이 출현하며

각각 진리의 바다를 연설하며

각각 중생이 두루 충만하며

각각 시방에 널리 취향하여 들어가며

각각 일체 부처님의 위신력으로 가지加持한 바입

니다.

　이 낱낱 세계종 가운데 일체 세계가 가지가지 장엄을 의지하여 안주하여 번갈아 서로 이어 세계의 그물을 이루되 화장장엄세계의 바다에 가지가지로 차별하게 두루 건립하였습니다.

　그때에 보현보살이 거듭 그 뜻을 선설하고자 하여 부처님의 위신력을 받아 게송을 설하여 말하기를,

화장세계의 바다는
법계와 같아 차별이 없으며
장엄은 지극히 청정하여
허공에 안주하였습니다.

이 세계의 바다 가운데
찰종을 사의하기 어렵지만

낱낱이 다 자재하여
각각 섞이거나 혼란함이 없습니다.

화장세계의 바다에
찰종이 잘 안립되어 펼쳐져 있으되
수특한 형상과 기이한 장엄의
가지가지 모습이 같지 않습니다.

모든 부처님의 변화한 음성의
가지가지로 그 체성을 삼았으며
그들의 업력을 따라서
찰종의 묘하게 장엄하여 꾸민 것을 봅니다.

수미산성의 그물과
물이 돌아 흐르는 바퀴 같이 둥근 형상의
광대한 연꽃이 피어

저것들이 서로 에워쌌습니다.

산의 당기와 누각의 형상과
돌아 회전하는 금강의 형상의
이와 같이 사의할 수 없는
광대한 모든 찰종입니다.

큰 바다에 진주의 불꽃과
광명의 그물이 사의할 수 없나니
이와 같이 모든 찰종이
다 연꽃에 안주하여 있습니다.

낱낱 모든 찰종에
광명의 그물을 가히 말할 수 없나니
광명 가운데 수많은 세계를 나타내어
널리 시방의 바다에 두루하게 하였습니다.

일체 모든 찰종의

있는 바 장엄구에

국토가 다 그 가운데 들어가나니

끝이 없음을 널리 봅니다.

찰종은 사의할 수 없고

세계는 끝이 없지만

가지가지 묘호한 장엄이

다 대선大仙의 힘을 인유합니다.

일체 찰종 가운데

세계를 사의할 수 없나니

혹 어떤 세계는 이루어지기도 하고 혹 어떤 세계는

무너지기도 하며

혹 어떤 세계는 이미 무너져 없기도 하였습니다.

비유하자면 숲 가운데 잎이

어떤 것은 생겨나기도 하고 또한 어떤 것은 떨어지기

도 함과 같아서

이와 같이 찰종 가운데

세계도 이루어지기도 하고 무너지기도 하는 것이

있습니다.

비유하자면 나무숲을 의지하여

가지가지 과실이 차별한 것과 같아서

이와 같이 찰종을 의지하여

가지가지 중생도 안주합니다.

비유하자면 종자가 다르므로

생겨나는 과실도 각각 다른 것과 같아서

업력이 차별한 까닭으로

중생의 세계도 같지 않습니다.

비유하자면 심왕의 보배가
마음을 따라 수많은 색상을 보는 것과 같아서
중생의 마음이 청정한 까닭으로
청정한 세계 봄을 얻습니다.

비유하자면 큰 용왕이
구름을 온 허공에 일으키는 것과 같아서
이와 같이 부처님의 원력으로
모든 국토에 출생합니다.

마치 환술사가 주술로
능히 가지가지 일을 나타내는 것과 같아서
중생의 업력인 까닭으로
국토도 사의할 수 없습니다.

비유하자면 수많은 그림의 모습이

화가의 소작인 것과 같아서
이와 같이 일체 세계도
마음의 화가가 이룬 바입니다.

중생의 몸이 각각 다른 것이
마음에 분별을 따라 일어나는 것과 같아서
이와 같이 세계의 가지가지도
다 업을 인유하지 아니함이 없습니다.

비유하자면 도사를 봄에
가지가지 형색이 차별한 것과 같아서
중생의 심행을 따라
모든 세계를 보는 것도 또한 그러합니다.

일체 모든 세계 끝에
연꽃의 그물을 두루 펼쳤으니

가지가지 모습이 같지 않지만
장엄이 다 청정합니다.

저 모든 연꽃 그물에
세계의 그물이 안주하는 바이며
가지가지 장엄한 일에
가지가지 중생이 거주합니다.

혹 어떤 찰토 가운데는
험악하여 평탄하지 않나니
중생의 번뇌를 인유하여
저곳을 이와 같이 봅니다.

섞이어 더럽고 그리고 청정한
한량없는 모든 찰종이
중생의 마음을 따라 일어나며

보살의 힘으로 주지하는 바입니다.

혹 어떤 찰토 가운데는
섞이어 더럽기도 하고 그리고 청정하기도 하나니
이것은 업력을 인유하여 일어나며
보살이 변화한 바입니다.

어떤 찰토에는 광명을 놓아
때를 떠난 보배로 이룬 바이니
가지가지로 묘하게 장엄하여 꾸민 것은
모든 부처님이 하여금 청정케 하신 것입니다.

낱낱 찰종 가운데
겁소劫燒가 사의할 수 없어서
나타난 곳이 비록 부패하고 험악하지만
그곳은 항상 견고합니다.

중생의 업력을 인유하여
많은 찰토를 출생하지만
저 풍륜과
그리고 수륜을 의지하여 안주합니다.

세계의 법이 이와 같아서
가지가지 보는 것이 같지 않지만
그러나 실로 난 적도 없으며
또한 다시 무너져 사라진 적도 없습니다.

낱낱이 마음으로 생각하는 가운데
한량없는 세계를 출생하지만
부처님의 위신력으로써
다 청정하여 때가 없음을 봅니다.

어떤 세계는 진흙으로 이루어졌고

그 체성은 매우 굳었으며

캄캄하게 어두워 광명의 비침조차 없나니

악업을 지은 사람이 거처하는 곳입니다.

어떤 세계는 금강으로 이루어졌고

섞이어 더럽고 크게 근심하여 두려워하며

괴로움은 많고 즐거움은 적나니

박복한 사람이 거처하는 곳입니다.

혹 어떤 세계는 쇠로써 이루어졌고

혹 어떤 세계는 붉은 동으로써 만들어졌으며

석산으로 험악하여 가히 두렵나니

죄악을 지은 사람이 충만합니다.

세계 가운데 지옥이 있어서

중생의 괴로움을 구원할 수 없으며

항상 캄캄한 어두움 가운데 있어서
불꽃 바다가 태우는 바입니다.

혹 다시 축생이 있어서
가지가지로 누추한 모습이니
그들 스스로의 악업을 인유하여
항상 모든 고뇌를 받습니다.

혹 염라세계를 보니
굶주리고 목말라하며 지지고 핍박하는 바이며
큰 불산에 올라
모든 지극히 무거운 고통을 받습니다.

혹 어떤 모든 찰토는
칠보로 합하여 이루어진 바이며
가지가지 모든 궁전은

이 정업을 인유하여 얻은 것입니다.

그대들은 응당 세간을 관찰하세요.
그 가운데 인간과 그리고 하늘이
정업의 과보를 성취하여
수시로 쾌락을 받고 있습니다.

낱낱 털구멍 가운데
억만 세계를 사의할 수 없나니
가지가지 모습으로 장엄하였지만
일찍이 비좁은 적이 없습니다.

중생의 각각 업으로
세계의 종류가 한량이 없거든
그 가운데 집착을 내어
괴로움과 즐거움을 받는 것이 같지 않습니다.

어떤 세계는 수많은 보배로 이루어졌고
항상 끝없는 광명을 놓으며
금강의 묘한 연꽃으로
장엄을 청정하게 하여 때가 없습니다.

어떤 세계는 광명으로 체성을 삼았고
광명의 바퀴를 의지하여 안주하며
황금의 색상에 전단의 향기가 나고
불꽃 구름이 널리 비추어 밝혔습니다.

어떤 세계는 월륜月輪으로 이루어졌고
향기 나는 옷이 다 두루 펼쳐졌으며
한 연꽃 안에
보살이 다 충만합니다.

어떤 세계는 수많은 보배로 이루어졌고

색상은 모두 때가 없나니
비유하자면 제석천의 그물에
광명이 항상 비치는 것과 같습니다.

어떤 세계는 향기로 체성을 삼았고
혹 어떤 세계는 금강의 꽃에
마니 광명의 그림자 형상이니
관찰함에 매우 청정합니다.

혹 어떤 사의하기 어려운 세계는
꽃으로 선회하여 성취한 바이니
화신불이 다 충만하며
보살이 널리 광명을 놓습니다.

혹 어떤 청정한 세계는
다 이 수많은 꽃나무에

묘한 가지가 도량에 펼쳐졌고

마니 구름으로써 덮었습니다.

어떤 세계는 청정한 광명이 비치고

금강의 꽃으로 이루어진 바이며

혹 어떤 세계는 부처님의 변화한 음성이

끝없이 나열되어 그물을 이루었습니다.

어떤 세계는 보살의

마니의 묘한 보배관과 같으며

혹 어떤 세계는 자리의 형상과 같나니

변화한 광명으로 좇아 나왔습니다.

혹 어떤 세계는 이 전단의 가루와

혹 어떤 세계는 이 미간의 광명과

혹 어떤 세계는 부처님의 광명 가운데 음성으로

이 묘한 세계를 이루었습니다.

혹 청정한 세계를 보니
한 광명으로 장엄하였으며
혹 수많은 장엄을 보니
가지가지가 다 기묘하였습니다.

혹 열 국토에
묘한 물건으로써 장엄하고 꾸몄으며
혹 일천 국토 가운데
일체로써 장엄하고 교식하였습니다.

혹 억 세계의 물건으로써
한 국토를 장엄하되
가지가지 모습이 같지 않는 것이
다 영상이 나타나는 것과 같습니다.

가히 말할 수 없는 국토의 물건으로
한 세계를 장엄하고
각각 광명을 놓은 것은
여래의 원력으로 일어난 것입니다.

혹 어떤 모든 국토는
원력으로 청정하게 다스린 바이니
일체 장엄 가운데
널리 수많은 국토의 바다를 봅니다.

보현의 서원을 모두 닦아
얻은 바 청정한 국토에
삼세의 세계에 장엄이
일체가 그 가운데 나타났습니다.

불자여, 그대는 응당 관찰하세요.

찰종과 위신력과

미래에 모든 국토를

꿈과 같이 다 하여금 보게 할 것입니다.

시방의 모든 세계와

과거의 국토 바다가

다 한 세계 가운데

형상을 나타내는 것이 비유하자면 환화와 같습니다.

삼세에 일체 부처님과

그리고 그 국토를

한 세계종 가운데서

일체를 다 보게 합니다.

일체 부처님의 위신력으로

티끌 가운데 나타낸 중생을

가지가지 다 분명하게 보니

그림자와 같아서 진실이 없습니다.

혹 어떤 수많은 세계는

그 형상이 큰 바다와 같으며

혹 수미산과 같나니

세계를 사의할 수 없습니다.

어떤 세계는 잘 안주하였으되

그 형상이 제석의 그물과 같으며

혹 나무숲의 형상과 같나니

모든 부처님이 그 가운데 충만합니다.

혹 어떤 세계는 보배 바퀴의 형상을 지으며

혹 어떤 세계는 연꽃의 형상이며

여덟 모에 수많은 장식을 갖추었으되

가지가지가 다 청정합니다.

혹 어떤 세계는 자리의 형상과 같으며
혹 다시 어떤 세계는 세모이며
혹 어떤 세계는 거륵가佉勒迦와
성곽과 범왕의 몸과 같습니다.

혹 어떤 세계는 천주의 상투와 같으며
혹 어떤 세계는 반달과 같으며
혹 마니산과 같으며
혹 일륜日輪의 형상과 같습니다.

혹 어떤 세계의 형상은
비유하자면 향수해의 돌아 흐르는 물과 같으며
혹 어떤 세계는 광명의 바퀴를 짓나니
부처님이 옛날에 장엄하고 깨끗하게 한 곳입니다.

혹 어떤 세계는 바퀴 그물의 형상이며

혹 어떤 세계는 단선의 형상이며

혹 어떤 세계는 부처님 백호의 모습과

육계의 모습과 넓고 긴 눈과 같습니다.

혹 어떤 세계는 부처님의 손과 같으며

혹 금강저와 같으며

혹 불꽃 산의 형상과 같나니

보살이 다 두루하였습니다.

혹 어떤 세계는 사자의 형상과 같으며

혹 바다에 조개의 형상과 같으며

한량없는 모든 색상에

체성이 각각 차별합니다.

한 찰종 가운데

세계의 형상이 다함이 없으되

다 부처님의 원력으로

보호하고 염려함을 인유하여 안주함을 얻습니다.

어떤 세계는 한 세월(一劫)을 머물며

혹 어떤 세계는 열 세월(十劫)을 머물며

내지 백 세월 천 세월과

국토의 작은 티끌 수만치 많은 세월을 지나 머뭅니다.

혹 어떤 세계는 한 세월 가운데

세계가 이루어지고 무너짐이 있음을 보며

혹 어떤 세계는 무량무수 세월과

내지 사의할 수 없는 세월에 이루어지고 무너짐을

봅니다.

혹 어떤 세계는 부처님이 있으며

혹 어떤 세계는 부처님이 없으며

혹 어떤 세계는 오직 한 부처님뿐이며

혹 어떤 세계는 한량없는 부처님이 있습니다.

국토에 만약 부처님이 없다면

타방세계 가운데

어떤 부처님이 변화하여 오셔서

모든 불사를 나타내십니다.

천상에서 죽고 그리고 지상에 강신降神하시며

태중에 거처하고 그리고 출생하시며

마군을 항복받고 정각을 이루어

더 이상 없는 법륜을 전하십니다.

중생의 마음에 좋아함을 따라

가지가지 모습을 시현하시며

묘한 법륜을 전하시되
다 그들의 근성과 욕망에 응대하십니다.

낱낱 부처님의 세계 가운데
한 부처님이 세상에 출흥하여
억천 세월이 지나도록
더 이상 없는 법문을 연설하십니다.

중생이 법기가 아니기에
능히 모든 부처님을 보지 못하거니와
만약 마음에 보기를 좋아하는 사람이 있다면
일체 처소에서 다 볼 것입니다.

낱낱 국토 가운데
각각 부처님이 있어 세상에 출흥하시니
일체 세계 가운데 부처님이

억수億數로서 사의할 수 없습니다.

이 가운데 낱낱 부처님이
한량없는 신통변화를 나타내어
다 법계에 두루하게 하여
중생의 바다를 조복하십니다.

어떤 세계는 광명이 없어서
캄캄하게 어두워 두려움이 많으며
고통을 받는 것이 마치 칼로 베는 것과 같나니
보는 사람이 스스로 슬퍼하고 아파합니다.

혹 어떤 세계는 모든 하늘의 광명이 있으며
혹 어떤 세계는 궁전의 광명이 있으며
혹 어떤 세계는 해와 달의 광명이 있나니
세계의 그물을 사의하기 어렵습니다.

94

어떤 세계는 스스로 광명이 있으며
혹 어떤 세계는 나무가 청정한 광명을 놓아
일찍이 고뇌가 있어 본 적이 없나니
중생의 복력인 까닭입니다.

혹 어떤 세계는 산의 광명이 있으며
혹 어떤 세계는 마니 광명이 있으며
혹 어떤 세계는 등불 광명으로써 비추나니
다 중생의 업력입니다.

혹 어떤 세계는 부처님의 광명이 있고
보살이 그 가운데 충만하며
어떤 세계는 연꽃 광명이 있고
불꽃 색상이 매우 장엄하여 좋습니다.

어떤 세계는 연꽃 광명으로 비추며

어떤 세계는 향수로써 비추며

바르는 향과 태우는 향으로써 비추나니

다 청정한 원력을 인유한 것입니다.

어떤 세계는 구름 광명으로써 비추며

마니 조개 광명으로 비추며

부처님의 신력 광명으로 비추어

능히 마음을 기쁘게 하는 음성을 선설합니다.

혹 어떤 세계는 보배 광명으로써 비추며

혹 금강 불꽃으로 비추어

청정한 음성을 능히 멀리까지 진동하나니

그 음성이 이르는 곳에는 그 많은 고통이 없습니다.

혹 어떤 세계는 마니의 광명과

혹 장엄구의 광명과

혹 도량의 광명으로써
대중이 모인 가운데를 비춥니다.

부처님이 큰 광명을 놓음에
화신불이 그 가운데 충만하나니
그 광명이 널리 비치어
법계에 다 두루합니다.

어떤 세계는 매우 가히 두려워서
큰 고통의 소리로 부르짖나니
그 소리 지극히 슬프고 괴로워
듣는 사람이 싫어하고 두려워함을 냅니다.

지옥의 길과 축생의 길과
그리고 염라의 처소는
이 혼탁하고 포악한 세계이니

항상 근심과 고통의 소리가 납니다.

혹 어떤 국토 가운데는
항상 가히 좋아할 음성을 내어
기뻐하는 마음으로 그분의 가르침을 따르나니
이것은 청정한 업을 인유하여 얻은 것입니다.

혹 어떤 국토 가운데는
항상 제석의 음성을 들으며
혹 범천의 음성과
일체 세주의 음성을 듣습니다.

혹 어떤 모든 찰토는
구름 가운데 묘한 음성을 내고
보배 바다에 마니의 나무와
그리고 즐거운 음성이 두루 가득합니다.

모든 부처님의 원만한 광명 안에
교화하는 음성이 끝이 없으며
그리고 보살의 묘한 음성이
시방의 세계에 두루 들립니다.

가히 사의할 수 없는 국토에서
널리 법륜을 전하는 음성과
서원의 바다에서 출생하는 바 음성과
수행하는 묘한 음성을 듣습니다.

삼세에 일체 부처님이
모든 세계에 출생하시되
이름을 다 구족하고
그 음성은 끝이 없습니다.

혹 어떤 세계 가운데는

일체 부처님 힘의 음성을 듣나니
십지와 육도와 그리고 사무량인
이와 같은 법을 다 연설합니다.

보현의 서원의 힘으로
억 세계에 묘한 음성을 연설하나니
그 음성이 우뢰의 진동과 같고
머무는 세월도 또한 끝이 없습니다.

부처님이 청정한 국토에
자재한 음성을 시현하시니
시방의 법계 가운데
일체 사람이 듣지 아니함이 없습니다.

비로자나품

그때에 보현보살이 다시 대중에게 일러 말하기를

모든 불자여, 이에 지나간 옛날 세상에 그 세계의 작은 티끌 수만치 많은 세월(劫)을 지나고 다시 이 수數를 배로 지나 세계의 바다가 있나니 이름이 넓은 문 청정한 광명입니다.

이 세계의 바다 가운데 세계가 있나니 이름이 승음입니다.

마니 꽃 그물의 바다를 의지하여 안주하며

수미산의 작은 티끌 수만치 많은 세계로 권속을 삼았으며

그 형상이 방정하고 둥글며

그 땅이 한량없는 장엄을 갖추고 있으며

삼백중으로 수많은 보배 나무 윤위산이 함께 에워
싼 바이며

일체 보배 구름이 그 위를 덮었으며

청정하여 때가 없는 광명이 비추며

성읍과 궁전이 수미산과 같으며

의복과 음식이 생각을 따라 이르며

그 세월(劫)의 이름을 말하면 가지가지로 장엄한
것입니다.

모든 불자여, 저 승음의 세계 가운데 향수해가
있나니 이름이 청정한 광명입니다.

그 향수해 가운데 큰 연꽃 수미산이 출현하여
있나니 이름이 연꽃 불꽃으로 널리 장엄한 당기입
니다.

열 가지 보배 난간이 두루 에워쌌습니다.

그 산 정상에 하나의 큰 숲이 있나니 이름이 마니

꽃 가지 바퀴입니다.

한량없는 연꽃 누각과 한량없는 보배 전망대가
두루 돌아 펼쳐져 나열되었으며

한량없는 묘한 향 당기와 한량없는 보배 산 당기가
멀리까지 지극하게 장엄되었으며

한량없는 보배 분타리 꽃이 곳곳에 피었으며

한량없는 향기 마니 연꽃 그물이 두루 돌아 내려
펼쳐졌으며

즐거운 음성이 화평하고 기쁘게 하며

향기 구름이 비추되 그 수가 각각 한량이 없어서
가히 적어 다할 수 없으며

백만 나유타 성이 두루 돌아 에워싸고 있으며

가지가지 중생들이 그 가운데 그쳐 머뭅니다.

모든 불자여, 이 숲 동쪽에 하나의 큰 성이 있나니
이름이 불꽃 광명입니다.

인왕人王이 도읍한 바이며

백만억 나유타 성이 두루 돌아 에워쌌으며

청정하고 묘한 보배로 함께 성립한 곳이며

가로 세로가 각각 또한 칠천 유순이며

칠보로 성곽을 삼았으며

성의 망루望樓와 각적却敵이 다 높고 아름다우며

칠중의 보배 해자에 향수가 넘쳐나며

우발라 꽃과 파두마 꽃과 구물두 꽃과 분타리 꽃이 다 수많은 보배로써 곳곳에 분포하여 장엄하고 꾸몄으며

보다라 나무가 칠중으로 에워쌌으며

궁전과 누각이 다 보배로 장엄되었으며

가지가지 묘한 그물을 그 위에 펼쳐 놓았으며

향을 바르고 꽃을 흩어 그 가운데가 향기가 나고 빛나며

백만억 나유타 문이 다 보배로 장엄하고 있으며

낱낱 문 앞에 각각 마흔아홉 개의 보배 시라 당기가 차례로 줄지어 나열되어 있으며

다시 백만억 동산 숲이 두루 돌아 에워싸고 있으며

그 가운데 다 가지가지 뒤섞인 향기와 마니 나무의 향기가 두루 흘러나와 널리 풍기며

수많은 새들이 화음으로 노래함에 듣는 사람이 환희하고 기뻐하였습니다.

이 큰 성 가운데 있어 거처하는 바 사람이 업보로 신통을 성취하여 허공을 타고 왕래하며

행동이 모든 하늘과 같으며

마음에 하고자 하는 바가 있으면 생각에 응하여 다 이르게 하지 아니함이 없었습니다.

그 성 다음으로 남쪽에 한 천성天城이 있나니 이름 이 나무 꽃으로 장엄한 것이요

그 다음 오른쪽으로 돌아 큰 용성龍城이 있나니 이름이 구경이요

다음으로 야차성이 있나니 이름이 금강의 수승하고 묘한 당기요

다음으로 건달바성이 있나니 이름이 묘한 궁전이요

다음으로 아수라성이 있나니 이름이 보배 바퀴요

다음으로 가루라성이 있나니 이름이 묘한 보배로 장엄한 것이요

다음으로 긴나라성이 있나니 이름이 노닐며 희롱하고 쾌락하는 것이요

다음으로 마후라성이 있나니 이름이 금강의 당기요

다음으로 범천왕성이 있나니 이름이 가지가지로 묘하게 장엄한 것입니다.

이와 같은 등 백만억 나유타 수만치 많은 성城이 있습니다.

이 낱낱 성에 각각 백만억 나유타 누각이 함께

에워싸고 있는 바이며

　낱낱이 다 한량없는 장엄이 있습니다.

　모든 불자여, 이 보배 꽃 가지 바퀴 큰 숲 가운데
한 도량이 있나니 이름이 보배 꽃이 두루 비추는
것입니다.

　수많은 큰 보배로써 분포하여 장엄하였으며

　마니 꽃 바퀴가 두루 가득히 피었으며

　향과 등을 켬에 수많은 보배 색상을 갖추었으며

　불꽃 구름이 가득히 덮었으며

　광명의 그물이 널리 비추며

　모든 장엄구에서 항상 묘한 보배를 내며

　일체 음악 가운데 항상 맑은 음성을 연주하며

　마니 보배왕이 보살의 몸을 나타내며

　가지가지 묘한 꽃이 시방에 두루합니다.

　그 도량 앞에 하나의 큰 바다가 있나니 이름이

향기 마니 금강이요

큰 연꽃이 출생하였으니 이름이 꽃술 불꽃 바퀴입니다.

그 꽃이 광대하여 백억 유순이며

줄기와 잎과 수술과 꽃받침대가 다 이 묘한 보배이며

열 곱절 가히 말할 수 없는 백천억 나유타 연꽃이 함께 에워싼 바이며

항상 광명을 놓으며

항상 묘한 음성을 내어 시방에 두루합니다.

모든 불자여, 저 승음세계의 최초의 세월 가운데열 수미산에 작은 티끌 수만치 많은 여래가 세상에출흥하여 있었나니 그 첫 번째 부처님은 이름이일체 공덕산에 수미의 수승한 구름입니다.

모든 불자여, 응당히 알아야 합니다. 저 부처님이

장차 출현하려 하실 때 일백 년 전에 이 마니 꽃

가지 바퀴 큰 숲 가운데 일체 장엄이 두루 청정하였

나니

　말하자면 사의할 수 없는 보배 불꽃 구름을 출생

하며

　부처님의 공덕을 찬탄하는 음성을 일으키며

　수없는 부처님의 음성을 연설하며

　광명을 펴고 그물을 펼쳐 시방을 가득히 덮었으며

　궁전과 누각이 서로서로 비추며

　보배 꽃 광명이 올라와 모이어 구름을 이루며

　다시 묘한 음성을 내어 일체중생이 전세에 행한

바 광대한 선근을 연설하며

　삼세에 일체 모든 부처님의 이름을 연설하며

　모든 보살이 닦은 바 원행과 구경의 도를 연설하며

　모든 여래가 묘한 법륜을 전한 가지가지 말씀을

연설한 것이니 이와 같은 등 장엄의 모습을 나타낸

것은 여래가 마땅히 세상에 출현할 것임을 현시한 것입니다.

그 세계 가운데 일체 모든 왕이 이 장엄의 모습을 본 까닭으로 선근이 성숙하여 다 부처님을 친견하고자 이 도량에 왔습니다.

그때에 일체 공덕산에 수미의 수승한 구름 부처님이 그 도량의 큰 연꽃 가운데 홀연히 출현하시니
그 몸이 널리 두루하여 진법계와 같으며
일체 부처님의 국토에 다 출생함을 시현하며
일체 도량에서 다 그곳에 나아가며
끝없는 묘한 색상이 구족하여 청정하며
일체 세간이 능히 그 빛을 빼앗을 수 없으며
수많은 보배 형상을 갖추었으되 낱낱이 분명하며
일체 궁전이 다 그 형상을 나타내며
일체중생이 다 눈으로 봄을 얻으며

끝없는 화신불이 그 몸을 좇아 출현하며
가지가지 색상의 광명이 세계에 충만합니다.
이 청정한 광명의 향수해에 꽃 불꽃으로 장엄한
당기의 수미산 정상에 마니 꽃 가지 바퀴 큰 숲
가운데 그 몸을 나타내어 그 자리에 앉으심과 같아서
그 승음세계에도 육십팔천억 수미산 정상이 있거늘
다 또한 저곳에도 몸을 나타내어 앉으셨습니다.

그때에 저 부처님이 곧 미간에 큰 광명을 놓으시니
그 광명은 이름이 일체 선근을 일으키는 음성입
니다.
열 부처님의 국토에 작은 티끌 수만치 많은 광명으
로 권속을 삼아 일체 시방의 국토에 충만하나니
만약 어떤 중생을 응당 가히 조복하려 한다면
그 광명을 비추어 다이어 곧 스스로 열어 깨닫게
하며

모든 미혹의 열기를 쉬게 하며

모든 번뇌의 그물을 찢게 하며

모든 장애의 산을 꺾게 하며

모든 때와 더러운 것을 청정하게 하며

큰 믿음과 지해知解를 일으키게 하며

수승한 선근을 내게 하며

일체 제난諸難의 두려움을 영원히 떠나게 하며

일체 몸과 마음에 고뇌함을 소멸하여 제거하게
하며

부처님을 친견하려는 마음을 일으켜 일체 지혜에
취향하게 해야 합니다.

그때에 일체 세간의 군주와 아울러 그 권속의
한량없는 백천 대중이 부처님의 광명을 입고 열어
깨달은 바인 까닭으로 다 부처님의 처소에 나아가
머리와 얼굴로 부처님의 발에 예배하였습니다.

모든 불자여, 저 불꽃 광명의 큰 성 가운데 왕이 있나니

이름이 기쁨으로 바라보는 좋은 지혜입니다.

백만억 나유타 성을 통치하여 거느리되 부인과 채녀가 삼만 칠천 사람으로 복길상이 상수가 되며

왕자가 오백 사람으로 대위광이 상수가 되며

대위광 태자가 십천 부인이 있으되 묘견 부인이 상수가 되었습니다.

그때에 대위광 태자가 부처님의 광명을 보아 마치고 옛날에 수행한 바 선근의 힘인 까닭으로 즉시에 열 가지 법문을 증득하였으니 어떤 것을 일러 열 가지라 하는가.

말하자면 일체 부처님의 공덕륜의 삼매를 증득한 것이며

일체 불법의 보문다라니를 증득한 것이며

광대한 방편의 창고 반야바라밀을 증득한 것이며

일체중생을 조복하는 큰 장엄의 대자大慈를 증득한 것이며

넓은 구름 음성의 대비大悲를 증득한 것이며

끝없는 공덕을 내는 가장 수승한 마음의 대희大喜를 증득한 것이며

일체법을 여실하게 깨달은 대사大捨를 증득한 것이며

광대한 방편의 평등한 창고인 대신통을 증득한 것이며

믿음과 지해知解의 힘을 증장케 하는 큰 서원을 증득한 것이며

널리 일체 지혜의 광명에 들어가는 변재문을 증득한 것입니다.

그때에 대위광 태자가 이와 같이 진리의 광명을 얻어 마치고 부처님의 위신력을 받아 널리 대중을

관찰하고 게송을 설하여 말하기를,

세존이 도량에 앉으시니
청정한 큰 광명이
비유하자면 천 개의 태양이 나와서
널리 허공의 세계를 비추는 것과 같습니다.

한량없는 억천 세월에
도사께서 때때로 이에 출현하셨거늘
부처님이 지금에 세간에 출현하시니
일체 대중이 우러러 받드는 바입니다.

그대들은 부처님의 광명을 관찰하세요.
사의하기 어려운 화신불을
일체 궁전 가운데
고요히 정수正受하십니다.

그대들은 부처님의 신통을 관찰하세요.

털구멍에 불꽃 구름을 내어

세간을 비추시되

광명이 끝이 없으십니다.

그대들은 응당 부처님의 몸을 관찰하세요.

광명의 그물이 지극히 청정하여

형상 등 일체를 나타내되

시방에 두루 가득하십니다.

묘한 음성이 세간에 두루하니

듣는 사람이 다 기뻐하고 즐거워하거늘

모든 중생의 말을 따라

부처님의 공덕을 찬탄하십니다.

세존의 광명이 비치는 곳에

중생이 다 안락하며
고통이 있음에 다 제멸하고
마음에 큰 환희를 내게 하십니다.

모든 보살 대중을 관찰하니
시방에서 모여와 머물며
다 마니 구름을 놓아
현전에서 부처님을 칭찬합니다.

도량에서 묘한 음성을 내되
그 음성이 지극히 깊고도 멀어
능히 중생의 고통을 소멸하나니
이것은 부처님의 신통력입니다.

일체가 다 공경하고
마음에 큰 환희를 내어

세존 앞에 함께 있으면서
법왕을 우러러봅니다.

　모든 불자여, 저 대위광 태자가 이 게송을 설할
때에 부처님의 위신력으로써 그 음성이 널리 승음세
계에까지 두루하거늘 그때에 희견선혜왕이 이 게송
을 들어 마치고 마음이 크게 환희하여 모든 권속을
관찰하고 게송을 설하여 말하기를,

그대는 응당 속히
일체 모든 왕의 무리와
왕자와 그리고 대신과
성읍의 재상과 관료 등을 소집할 것이며

널리 모든 성안에 말하여
빨리 응당 큰북을 치고

있는 바 사람들을 다 모아서
부처님께 함께 걸어가 친견하라 할 것입니다.

일체 사거리 길에
다 응당 보배 목탁을 울리고
처자 권속과 함께
여래에게 같이 가볼 것입니다.

일체 모든 성곽을
마땅히 하여금 다 청정케 하며
널리 수승하고 묘한 당기를 건립하여
마니로써 장엄하고 꾸밀 것입니다.

보배 휘장에 수많은 그물을 나열하고
기악妓樂을 구름같이 펼치며
장엄을 갖추어 허공에 두어

곳곳에 하여금 충만케 할 것입니다.

도로를 다 장엄하여 청정케 하고

널리 묘한 의복을 비 내리며

그대들의 보배 수레를 잘 꾸며 끌고서

나와 더불어 같이 부처님을 뵈러 갈 것입니다.

각각 자기의 힘을 따라

널리 장엄구를 비 내리되

그 일체를 구름같이 펼쳐

허공 가운데 두루 충만케 할 것입니다.

향기 불꽃과 연꽃 일산과

반달 보배 영락과

그리고 수없는 묘한 옷을

그대 등이 다 응당 비 내릴 것입니다.

수미산과 향수해에
최상의 묘한 마니 바퀴와
그리고 청정한 전단을
다 응당 비 내려 허공에 충만케 할 것입니다.

수많은 보배 꽃 영락으로
장엄하여 깨끗이 때가 없이 하며
그리고 마니의 등을
다 하여금 허공에 머물러 있게 할 것입니다.

일체 공양구를 가지고 부처님께 나아가되
마음에 큰 환희를 내어
처자 권속과 함께
가서 세상에서 존경하는 이를 친견할 것입니다.

그때에 기쁨으로 바라보는 좋은 지혜 왕이 삼만

칠천 부인과 채녀로 더불어 함께하되 복길상이 상수가 되며

오백 왕자로 더불어 함께하되 대위광이 상수가 되며

육만 대신으로 더불어 함께하되 혜력이 상수가 되었습니다.

이와 같은 등 칠십칠백천억 나유타 대중이 앞뒤로 에워싸고 불꽃 광명의 큰 성을 좇아 나와서 왕의 힘을 사용한 까닭으로 일체 대중이 허공을 타고 나아가니 모든 공양구가 허공에 두루 가득하였으며,

부처님의 처소에 이르러 부처님의 발에 정례하고 한쪽으로 물러나 앉았습니다.

다시 묘한 꽃 성에 잘 교화하는 당기의 천왕이 있으되 십억 나유타 권속으로 더불어 함께하며

다시 구경의 큰 성에 청정한 광명의 용왕이 있으되 이십오억 권속으로 더불어 함께하며

다시 금강의 수승한 당기성에 용건한 야차왕이
있으되 칠십칠억 권속으로 더불어 함께하며

다시 때가 없는 성에 기쁨으로 바라보는 건달바왕
이 있으되 구십칠억 권속으로 더불어 함께하며

다시 묘한 바퀴 성에 맑은 얼굴로 사유하는 아수라
왕이 있으되 오십팔억 권속으로 더불어 함께하며

다시 묘하게 장엄한 성에 십력을 행하는 가루라왕
이 있으되 구십구천 권속으로 더불어 함께하며

다시 유희하고 쾌락하는 성에 금강공덕의 긴나라
왕이 있으되 십팔억 권속으로 더불어 함께하며

다시 금강의 당기성에 보배로 칭송되는 당기의
마후라가왕이 있으되 삼억 백천 나유타 권속으로
더불어 함께하며

다시 청정하고 묘하게 장엄한 성에 가장 수승한
범왕이 있으되 십팔억 권속으로 더불어 함께합니다.

이와 같은 등 백만억 나유타 큰 성 가운데 있는

바 모든 왕이 그 권속과 아울러 다 함께 일체 공덕산에 수미의 수승한 구름 여래의 처소에 나아가 부처님의 발에 정례하고 한쪽으로 물러나 앉았습니다.

그때에 저 여래가 모든 중생을 조복하고자 하기 위한 까닭으로 대중이 모인 도량의 바다 가운데 널리 일체 삼세에 부처님의 자재한 법을 모은 수다라를 설하시니 세계에 작은 티끌 수만치 많은 수다라로 권속을 삼아 중생의 마음을 따라서 다 하여금 이익을 얻게 하였습니다.

이때에 대위광 보살이 이 법문을 들어 마치고 곧 일체 공덕산에 수미의 수승한 구름 부처님이 숙세에 모은 바 진리의 바다에 광명을 얻었나니

말하자면 일체법의 뭉치인 평등삼매를 얻는 지혜광명과

일체법이 다 최초의 보리심 가운데 들어가 머무는

지혜 광명과

　시방 법계에 넓은 광명의 창고에 청정한 눈의 지혜 광명과

　일체 불법에 큰 서원의 바다를 관찰하는 지혜 광명과

　끝없는 공덕 바다의 청정한 행에 들어가는 지혜 광명과

　퇴전하지 않는 큰 힘의 빠른 창고에 취향하는 지혜 광명과

　법계 가운데 한량없는 변화의 힘으로 벗어나는 삼륜三輪의 지혜 광명과

　한량없는 공덕의 원만한 바다에 결정코 들어가는 지혜 광명과

　일체 부처님이 결정한 지해知解로 장엄하여 성취한 바다를 요달하여 아는 지혜 광명과

　법계에 끝없는 부처님이 일체중생 앞에 나타나는

신통의 바다를 요달하여 아는 지혜 광명과

일체 부처님의 힘과 두려운 바가 없는 법을 요달하여 아는 지혜 광명입니다.

그때에 대위광 보살이 이와 같이 한량없는 지혜 광명을 얻어 마치고 부처님의 위신력을 받아 게송을 설하여 말하기를,

내가 부처님의 묘한 진리를 듣고
지혜의 광명을 얻어
이로써 세존이
지나간 옛날에 행하신 바 일을 봅니다.

일체 태어난 바 처소와
이름과 몸이 차별한 것과
그리고 부처님께 공양한

이와 같은 것을 내가 다 봅니다.

지나간 옛날 모든 부처님의 처소에서
일체 부처님을 다 받들어 섬겼으며
한량없는 세월토록 수행하여
모든 국토의 바다를 장엄하고 청정하게 하였습니다.

자신을 버려 보시하되
광대하고 끝이 없이 하였으며
가장 수승한 행을 닦아 다스려
모든 국토의 바다를 장엄하고 청정하게 하였습니다.

귀와 코와 머리와 손과 발과
그리고 모든 궁전을
한량없이 버려
모든 국토의 바다를 장엄하고 청정하게 하였습니다.

능히 낱낱 국토에

억겁의 사의할 수 없는 세월토록

보리의 행을 닦아 익혀

모든 국토의 바다를 장엄하고 청정하게 하였습니다.

보현의 큰 원력으로

일체 부처님의 바다 가운데

한량없는 행을 수행하여

모든 국토의 바다를 장엄하고 청정하게 하였습니다.

마치 태양의 광명이 비침을 인하여

도리어 태양의 바퀴를 보는 것과 같아서

내가 부처님의 지혜 광명으로써

부처님께서 행하신 바 도를 봅니다.

내가 부처님의 국토 바다에

청정한 대광명을 관찰하니
고요히 보리를 증득하여
법계에 다 두루하였습니다.

내가 마땅히 세존께서
널리 모든 국토의 바다를 엄정히 하심과 같이
부처님의 위신력으로써
보리의 행을 닦아 익힐 것입니다.

　모든 불자여, 그때에 대위광 보살이 일체 공덕산
에 수미의 수승한 구름 부처님을 친견하여 받들어
섬기고 공양한 까닭으로 여래의 처소에서 마음에
깨달아 요달함을 얻어서 일체 세간을 위하여 여래가
지나간 옛날에 수행한 바다를 현시하며
　지나간 옛날에 보살이 행한 방편을 현시하며
　일체 부처님의 공덕의 바다를 현시하며

널리 일체법계에 들어가는 청정한 지혜를 현시하며

일체 도량 가운데서 부처를 이룬 자재한 힘을 현시하며

부처님의 힘과 두려움이 없는 것과 차별이 없는 지혜를 현시하며

널리 시현하는 여래의 몸을 현시하며

가히 사의할 수 없는 부처님의 신통변화를 현시하며

장엄된 한량없는 청정한 부처님의 국토를 현시하며

보현보살이 소유한 행원을 현시하여 수미산에 작은 티끌 수같이 많은 중생으로 하여금 보리심을 일으키게 하며

부처님의 국토에 작은 티끌 수만치 많은 중생으로 여래의 청정한 국토를 성취하게 하였습니다.

그때에 일체 공덕산에 수미의 수승한 구름 부처
님이 대위광 보살을 위하여 게송을 설하여 말씀하
시기를

착합니다, 대위광이여
복덕의 창고로 널리 이름이 났으되
중생을 이익케 하기 위한 까닭으로
일어나 보리의 길에 나아갔습니다.

그대가 얻은 지혜 광명이
법계에 다 충만하여 두루하며
복덕과 지혜가 다 넓고 크나니
마땅히 깊은 지혜의 바다를 얻을 것입니다.

한 국토 가운데서 수행하되
국토에 티끌 수 세월(劫)을 지나도록 하면

그대가 나를 보는 것과 같아서
마땅히 이와 같은 지혜를 얻을 것입니다.

모든 하열한 수행자는
능히 이 방편을 알지 못하고
큰 정진의 힘을 얻은 이라야
이에 능히 국토의 바다를 청정하게 할 것입니다.

낱낱 작은 티끌 가운데
한량없는 세월토록 수행한
저런 사람이라야 이에 능히
모든 부처님의 국토를 장엄함을 얻을 것입니다.

낱낱 중생을 위하여
윤회하기를 수 세월의 바다를 지나도록 할지라도
그 마음이 피곤하거나 게으름이 없어야

마땅히 세간에 도사를 이룰 것입니다.

낱낱 부처님에게 공양하기를
모두 미래 세상이 다하도록 할지라도
마음이 잠깐도 피곤하거나 싫어함이 없어야
마땅히 더 이상 없는 도를 이룰 것입니다.

삼세에 일체 부처님이
마땅히 함께 그대의 서원을 만족케 하리니
일체 부처님의 회중에
그대의 몸이 그곳에 편안히 머물 것입니다.

일체 모든 여래의
서원이 끝이 없나니
큰 지혜를 통달한 이라야
능히 이 방편을 알 것입니다.

대위광 보살이 나에게 공양하였기에

그런 까닭으로 큰 위력을 얻어서

작은 티끌 수만치 많은 중생으로 하여금

성숙케 하여 보리에 나아가게 할 것입니다.

보현의 행을 모두 닦은

크게 이름난 보살이

부처님의 국토 바다를 장엄하여

법계에 널리 두루할 것입니다.

　모든 불자여, 그대 등은 응당히 알아야 합니다.

저 대장엄 세월 가운데 항하사수의 작은 세월이

있나니 사람의 수명은 두 작은 세월(二小劫)입니다.

　모든 불자여, 저 일체 공덕산에 수미의 수승한

구름 부처님은 수명이 오십억 세입니다.

　저 부처님이 멸도하신 뒤에 부처님이 세상에 출흥

하심이 있었나니 이름이 바라밀의 좋은 눈으로 장엄한 왕입니다.

또한 저 마니 꽃 가지 바퀴 큰 숲 가운데서 정각을 이루셨거늘 그때에 대위광 동자가 저 여래가 등정각을 성취하여 신통력을 나타내심을 보고 곧 염불삼매를 얻었으니 이름이 끝없는 바다에 창고 문이요

곧 다라니를 얻었으니 이름이 큰 지혜 힘 진리의 연못이요

곧 대자大慈를 얻었으니 이름이 널리 중생을 따라 조복하여 제도해 해탈케 하는 것이요

곧 대비大悲를 얻었으니 이름이 널리 일체 경계를 두루 덮어주는 구름이요

곧 대희大喜를 얻었으니 이름이 일체 부처님의 공덕의 바다에 위력의 창고요

곧 대사大捨를 얻었으니 이름이 법성의 허공이 평등하고 청정한 것이요

곧 반야바라밀을 얻었으니 이름이 자성이 때를 떠나 법계가 청정한 몸이요

곧 신통을 얻었으니 이름이 걸림 없는 광명이 널리 따라 나타나는 것이요

곧 변재를 얻었으니 이름이 잘 들어가 때를 떠나는 못이요

곧 지혜의 광명을 얻었으니 이름이 일체 불법의 청정한 창고입니다.

이와 같은 등 십천법문을 다 통달함을 얻었습니다.

그때에 대위광 동자가 부처님의 위신력을 받아 모든 권속을 위하여 게송을 설하여 말하기를,

사의할 수 없는 억세월 가운데
세상을 인도하는 밝은 스승 한 분도 만나기 어렵거늘
이 국토에 중생들은 선근 이익이 많아

지금 제 두 번째 부처님을 친견함을 얻었습니다.

부처님의 몸이 널리 큰 광명을 놓음에
색상이 끝이 없고 지극히 청정하나니
마치 구름이 일체 국토에 충만함과 같아서
곳곳에서 부처님의 공덕을 칭양합니다.

광명이 비치는 곳에 다 환희하고
중생이 고통이 있음에 다 제멸하여
각각 하여금 공경하고 자비심을 일으키게 하나니
이것은 이 여래의 자재한 작용입니다.

사의할 수 없는 변화의 구름을 출생하고
한량없는 색상 광명의 그물을 놓아서
시방의 국토에 다 충만케 하나니
이것은 부처님의 신통으로 나타내신 바입니다.

낱낱 털구멍에 광명의 구름을 나타내고

널리 온 허공에 큰 음성을 일으켜

있는 바 유명계幽冥界에 비추지 아니함이 없어서

지옥의 수많은 고통을 다 하여금 제멸케 하십니다.

여래의 묘한 음성이 시방에 두루하여

일체 말소리를 다 갖추어 연설하되

모든 중생의 숙세에 선근력을 따르나니

이것은 이 대사의 신통변화의 작용입니다.

한량없고 끝없는 대해大海의 대중에

부처님이 그 가운데 다 출현하여

널리 끝없는 묘한 법륜을 전하여

일체 모든 중생을 조복하십니다.

부처님의 신통력은 끝이 없어서

일체 국토 가운데 다 출현하시나니

선서의 이와 같은 지혜는 걸림이 없어서

중생을 이익케 하기 위하여 정각을 성취하셨습니다.

그대 등은 응당 환희심을 내어

뛰고 좋아하고 즐거워하며 지극히 존중하세요.

내 마땅히 그대 등과 더불어 같이 저 부처께 나아가
리니

만약 여래를 친견한다면 수많은 고통을 제멸할 것입
니다.

발심하고 회향하여 보리에 나아가

자비한 마음으로 일체 모든 중생을 생각하고

보현의 광대한 서원에 다 머무르면

마땅히 법왕과 같이 자재함을 얻을 것입니다.

모든 불자여, 대위광 동자가 이 게송을 설할 때에 부처님의 위신력으로써 그 음성이 걸림이 없어서 일체 세계에 중생들이 다 듣고 한량없는 중생들이 보리심을 일으켰습니다.

그때에 대위광 왕자가 그 부모와 아울러 모든 권속과 그리고 한량없는 백천억 나유타 중생으로 더불어 앞뒤로 에워싸고 보배 일산을 구름같이 하여 두루 허공을 덮고 함께 바라밀의 좋은 눈으로 장엄한 왕의 여래 처소에 나아가거늘 그 부처님이 법계의 체성이 청정하게 장엄한 수다라를 설하시니 세계 바다에 작은 티끌 수만치 많은 등의 수다라로 권속을 삼았습니다.

저 모든 대중이 이 경을 들어 마치고 청정한 지혜를 얻었으니 이름이 일체 청정한 방편에 들어가는 것이요

지위를 얻었으니 이름이 때를 떠난 광명이요

바라밀의 바퀴를 얻었으니 이름이 일체 세간이 좋아하고 즐거워하는 장엄을 시현하는 것이요

증장하여 넓히는 행의 바퀴를 얻었으니 이름이 널리 일체 국토에 들어가서 끝이 없는 광명이 청정함을 보는 것이요

나아가는 모든 행의 바퀴를 얻었으니 이름이 때를 떠난 복덕 구름 광명의 당기요

따라 들어가 증득하는 바퀴를 얻었으니 이름이 일체 진리의 바다에 광대한 광명이요

전전히 깊은 곳으로 출발하여 나아가는 행을 얻었으니 이름이 큰 지혜 장엄이요

관정 지혜의 바다를 얻었으니 이름이 무공용의 수행이 지극하여 묘하게 보는 것이요

밝게 아는 큰 광명을 얻었으니 이름이 여래 공덕 바다의 모습에 달빛 그림자가 두루 비치는 것이요

원력을 출생하는 청정한 지혜를 얻었으니 이름이

한량없는 원력으로 믿고 아는 창고입니다.

　　그때에 저 부처님이 대위광 보살을 위하여 게송을
설하여 말씀하시기를,

착합니다, 공덕 지혜 바다여
발심하여 대보리에 나아갔기에
그대는 마땅히 부처님의 사의할 수 없는 공덕을 얻어
널리 중생을 위하여 의지처를 지을 것입니다.

그대는 이미 큰 지혜의 바다를 출생하였고
다 능히 일체법을 두루 요달하였기에
마땅히 사의하기 어려운 묘한 방편으로써
부처님이 끝이 없이 행한 바 경계에 들어갈 것입니다.

이미 모든 부처님의 공덕 구름을 보았고

이미 끝없는 지혜의 땅에 들어갔기에

모든 바라밀 방편의 바다를

크게 이름난 이가 마땅히 만족할 것입니다.

이미 방편과 총지문과

그리고 끝없는 변재문을 얻어서

가지가지 행원을 다 닦아 익혔기에

마땅히 비등할 수 없는 큰 지혜를 성취할 것입니다.

그대는 이미 모든 서원의 바다를 출생하였고

그대는 이미 삼매의 바다에 들어갔기에

마땅히 가지가지 큰 신통과

가히 사의할 수 없는 모든 불법을 구족할 것입니다.

구경究竟의 법계가 사의할 수 없지만

광대하고 깊은 마음이 이미 청정하였기에

널리 시방에 일체 부처님의
때를 떠나 장엄된 수많은 국토 바다를 볼 것입니다.

그대가 이미 나의 보리행과
옛 시절에 본래 섬긴 방편의 바다에 들어가서
나와 같이 수행하여 청정하게 다스린 바이기에
이와 같은 묘한 행을 그대가 다 깨달을 것입니다.

내가 한량없는 낱낱 국토에서
가지가지로 모든 부처님의 바다에 공양하여
저 부처님과 같이 수행하여 얻은 바 과보이기에
이와 같은 장엄을 그대가 다 볼 것입니다.

광대한 세월의 바다가 끝이 없도록
일체 국토 가운데서 청정한 행을 닦았으며
서원을 견고하게 하기를 사의할 수 없이 하였기에

마땅히 여래의 이러한 신통력을 얻을 것입니다.

모든 부처님께 공양하기를 다 남김없이 하였고
국토를 장엄하기를 다 청정하게 하여
일체 세월 가운데 묘한 행을 닦았기에
그대는 마땅히 부처님의 큰 공덕을 성취할 것입니다.

모든 불자여, 바라밀의 좋은 눈으로 장엄한 왕의
여래가 열반에 든 이후에 기쁨으로 바라보는 좋은
지혜 왕도 이윽고 또한 세상을 떠나가거늘 대위광
동자가 전륜왕위를 받았습니다.

저 마니 꽃 가지 바퀴 큰 숲 가운데 제 세 번째
여래가 세상에 출현하시니 이름이 가장 수승한 공덕
의 바다입니다.

그때에 대위광 전륜성왕이 저 여래가 성불하시는
모습을 보고 그 권속과 그리고 사병四兵의 무리와

성읍과 마을에 일체 인민으로 더불어 아울러 칠보
를 가져 함께 부처님의 처소에 가서 일체 향기 나는
마니로 장엄한 큰 누각으로써 부처님께 받들어 올
리니

　그때에 저 여래가 그 숲 가운데서 보살의 넓은
눈 광명으로 행하는 수다라를 설하시니 세계에 작은
티끌 수만치 많은 수다라로 권속을 삼았습니다.
　그때에 대위광 보살이 이 법문을 들어 마치고
삼매를 얻었으니 이름이 큰 복덕 넓은 광명입니다.
　이 삼매를 얻은 까닭으로 다 능히 일체 보살과
일체중생의 과거 현재 미래에 복덕과 비복덕의 바다
를 요달하여 알았습니다.

　그때에 저 부처님이 대위광 보살을 위하여 게송을
설하여 말씀하시기를

착합니다, 복덕 어린 대위광이여

그대 등이 지금 나의 처소에 와서

일체중생의 바다를 어여삐 생각하여

수승한 보리와 큰 서원의 마음을 일으킵니다.

그대 등이 일체 고통 받는 중생을 위하여

대비심을 일으켜 하여금 해탈케 하여

마땅히 중생의 의지할 바를 지으리니

이것이 이름이 보살의 방편행입니다.

만약 어떤 보살이라도 능히 견고하여

모든 수승한 행을 닦되 싫어하거나 피곤함이 없다면

가장 수승하고 가장 높아 걸림 없이 아는

이와 같은 묘한 지혜를 저 보살은 마땅히 얻을 것입
니다.

복덕 광명의 존재자이며 복덕 당기의 존재자이며

복덕 처소의 존재자이며 복덕 바다의 존재자인

보현보살이 소유한 서원에

그대 대위광은 능히 나아가 들어갈 것입니다.

그대가 능히 이 광대한 서원으로써

사의할 수 없는 모든 부처님의 바다에 들어가며

모든 부처님의 복덕의 바다가 끝이 없지만

그대가 묘한 지해知解로써 다 능히 볼 것입니다.

그대가 시방의 모든 국토 가운데

다 한량없고 끝없는 부처님을 친견하되

저 부처님이 지나간 옛날에 모든 수행한 바다인

이와 같은 일체를 그대가 다 볼 것입니다.

만약 어떤 사람이라도 이 방편의 바다에 머문다면

반드시 지혜의 땅 가운데 들어감을 얻을 것이니
이것은 모든 부처님을 따라 배우는 것으로
결정코 마땅히 일체 지혜를 성취할 것입니다.

그대가 일체 국토 바다 가운데
작은 티끌 수 세월의 바다가 다하도록 모든 행을
닦았으며
일체 여래의 모든 행의 바다를
그대가 다 배워 마쳤으니 마땅히 부처를 이룰 것입
니다.

그대가 본 바 시방 가운데
일체 국토의 바다가 다 장엄되고 청정한 것과 같아서
그대의 국토가 장엄되고 청정한 것도 또한 이와 같
나니
끝없이 서원하는 이가 마땅히 얻을 바입니다.

지금 이 도량에 모인 대중의 바다가
그대의 서원을 들어 마치고 기뻐하고 즐거워하는
마음을 내어
모두 다 보현의 광대한 수레(行乘)에 들어가
발심하고 회향하여 보리에 나아갑니다.

끝없는 국토 그 낱낱 가운데
다 들어가 수행하기를 세월의 바다가 지나도록 하였
으며
모든 원력으로써
능히 보현보살의 일체행을 원만히 하였습니다.

　모든 불자여, 저 마니 꽃 가지 바퀴 큰 숲 가운데
다시 부처님이 있어 출현하시니 이름이 명칭이 널리
소문난 연꽃 눈 당기입니다.
　이때에 대위광이 이곳에서 목숨이 마쳐 수미산

꼭대기 고요한 보배궁전인 하늘성에 태어나 큰 천왕이 되었으니 이름이 때를 떠난 복덕의 당기입니다.

모든 하늘 대중으로 더불어 함께 부처님의 처소에 나아가 보배 꽃구름을 비 내려 공양하였습니다.

그때에 저 여래가 광대한 방편인 넓은 문 두루 비추는 수다라를 설하시니 세계의 바다에 작은 티끌 수만치 많은 수다라로 권속을 삼았습니다.

그때에 천왕 대중들이 이 경전을 들어 마치고 삼매를 얻었으니 이름이 넓은 문 환희의 창고입니다.

삼매의 힘으로써 능히 일체법 실상의 바다에 들어갔나니, 이 같은 이익을 얻어 마치고 그 도량으로 좇아 나와 본래의 처소로 돌아갔습니다.

여래명호품

그때에 세존이 마갈제 나라 아란야법 보리도량 가운
데 계시어 처음 정각을 이루시고 저 보광명전에
연꽃으로 갈무리한 사자의 자리에 앉으시니 묘한
깨달음이 다 원만하며

　두 가지 행이 영원히 끊어지며

　모습 없는 법을 통달하며

　부처님이 머무는 곳에 머물며

　부처님의 평등을 얻으며

　걸림 없는 곳에 이르며

　가히 굴릴 수 없는 법을 굴리며

　행하는 바가 걸림이 없으며

　사의할 수 없는 법을 세우며

널리 삼세를 보아 열 부처님의 국토에 작은 티끌 수만치 많은 모든 보살로 더불어 함께 하시니 다 일생보처 보살이 아님이 없었습니다.

모두 다 타방으로 좇아 함께 와 모여서 널리 모든 중생계와 법계와 세계와 열반계와 모든 업의 과보와 심행心行의 차례와 일체 문의文義와 세간·출세간과 유유·무위와 과거·현재·미래를 잘 관찰하였습니다.

그때에 모든 보살이 이와 같은 사유를 하기를 만약 세존께서 우리 등을 보고 어여삐 여기신다면 원컨대 좋아하는 바를 따라서 부처님의 국토와 부처님의 머무심과 부처님 국토의 장엄과 부처님 법의 자체성과 부처님 국토의 청정과 부처님의 설하신 바 법과 부처님 국토의 자체성과 부처님의 위덕과 부처님 국토의 성취와 부처님의 큰 깨달음을 열어 보이소서.

시방의 일체 세계에 모든 부처님 세존이 일체 보살을 성취케 하기 위한 까닭이며

여래의 종성으로 하여금 끊어지지 않게 하기 위한 까닭이며

일체중생을 구호하기 위한 까닭이며

모든 중생으로 하여금 일체 번뇌를 영원히 버리게 하기 위한 까닭이며

일체 모든 행을 요달하여 알게 하기 위한 까닭이며

일체 모든 법을 연설하기 위한 까닭이며

일체 잡되고 오염된 것을 깨끗이 제멸하기 위한 까닭이며

일체 의심의 그물을 영원히 끊게 하기 위한 까닭이며

일체 희망을 뽑아 제멸하기 위한 까닭이며

일체 애착하는 곳을 멸제하여 무너뜨리기 위한

까닭으로 모든 보살의 십주와 십행과 십회향과 십장과 십지와 십원과 십정과 십통과 십정+頂을 연설하시며

그리고 여래의 지위와 여래의 경계와 여래의 신력과 여래의 소행과 여래의 힘과 여래의 무외無畏와 여래의 삼매와 여래의 신통과 여래의 자재와 여래의 무애와 여래의 눈과 여래의 귀와 여래의 코와 여래의 혀와 여래의 몸과 여래의 뜻과 여래의 변재와 여래의 지혜와 여래의 최승을 설하심과 같이 원컨대 지금에 부처님 세존께서도 또한 우리들을 위하여 선설하소서.

그때에 세존이 모든 보살들의 마음에 생각하는 바를 아시고 각각 그 유형을 따라 신통을 나타내셨습니다.

신통을 나타내어 마치시고 동쪽으로 열 부처님의

국토에 작은 티끌 수만치 많은 세계를 지나 세계가 있나니 이름이 황금색이요,

부처님의 이름은 움직이지 않는 지혜입니다.

저 세계 가운데 보살이 있나니 이름이 문수사리입니다.

열 부처님의 국토에 작은 티끌 수만치 많은 모든 보살로 더불어 함께 부처님의 처소에 와 이르러 이른 이후에 예배하고, 곧 동쪽에 연꽃으로 갈무리한 사자의 자리를 변화하여 만들어 결가부좌하고 앉았습니다.

남쪽으로 열 부처님의 국토에 작은 티끌 수만치 많은 세계를 지나 세계가 있나니 이름이 묘한 색이요,

부처님의 이름은 걸림 없는 지혜입니다.

저 세계에 보살이 있나니 이름이 깨달음이 으뜸이라 말합니다.

열 부처님의 국토에 작은 티끌 수만치 많은 모든

보살로 더불어 함께 부처님의 처소에 와 이르러 이른 이후에 예배하고, 곧 남쪽에 연꽃으로 갈무리한 사자의 자리를 변화하여 만들어 결가부좌하고 앉았습니다.

서쪽으로 열 부처님의 국토에 작은 티끌 수만치 많은 세계를 지나 세계가 있나니 이름이 연꽃색이요,

부처님의 이름은 어둠을 소멸하는 지혜입니다.

저 세계에 보살이 있나니 이름이 재물이 으뜸이라 말합니다.

열 부처님의 국토에 작은 티끌 수만치 많은 모든 보살로 더불어 함께 부처님의 처소에 와 이르러 이른 이후에 예배하고, 곧 서쪽에 연꽃으로 갈무리한 사자의 자리를 변화하여 만들어 결가부좌하고 앉았습니다.

북쪽으로 열 부처님의 국토에 작은 티끌 수만치 많은 세계를 지나 세계가 있나니 이름이 담복화색

이요,

부처님의 이름은 위의에 지혜입니다.

저 세계에 보살이 있나니 이름이 보배가 으뜸이라 말합니다.

열 부처님의 국토에 작은 티끌 수만치 많은 모든 보살로 더불어 함께 부처님의 처소에 와 이르러 이른 이후에 예배하고, 곧 북쪽에 연꽃으로 갈무리한 사자의 자리를 변화하여 만들어 결가부좌하고 앉았습니다.

동북쪽으로 열 부처님의 국토에 작은 티끌 수만치 많은 세계를 지나 세계가 있나니 이름이 우발라꽃색이요,

부처님의 이름은 법상을 밝히는 지혜입니다.

저 세계에 보살이 있나니 이름이 공덕이 으뜸입니다.

열 부처님의 국토에 작은 티끌 수만치 많은 모든 보살로 더불어 함께 부처님의 처소에 와 이르러 이른 이후에 예배하고, 곧 동북쪽에 연꽃으로 갈무리한 사자의 자리를 변화하여 만들어 결가부좌하고 앉았습니다.

동남쪽으로 열 부처님의 국토에 작은 티끌 수만치 많은 세계를 지나 세계가 있나니 이름이 황금색이요,

부처님의 이름은 구경究竟의 지혜입니다.

저 세계에 보살이 있나니 이름이 눈이 으뜸입니다.

열 부처님의 국토에 작은 티끌 수만치 많은 모든 보살로 더불어 함께 부처님의 처소에 와 이르러 이른 이후에 예배하고, 곧 동북쪽에 연꽃으로 갈무리한 사자의 자리를 변화하여 만들어 결가부좌하고 앉았습니다.

서남쪽으로 열 부처님의 국토에 작은 티끌 수만치

많은 세계를 지나 세계가 있나니 이름이 보배색이요,

부처님의 이름은 가장 수승한 지혜입니다.

저 세계에 보살이 있나니 이름이 정진이 으뜸입니다.

열 부처님의 국토에 작은 티끌 수만치 많은 모든 보살로 더불어 함께 부처님의 처소에 와 이르러 이른 이후에 예배하고, 곧 서남쪽에 연꽃으로 갈무리한 사자의 자리를 변화하여 만들어 결가부좌하고 앉았습니다.

서북쪽으로 열 부처님의 국토에 작은 티끌 수만치 많은 세계를 지나 세계가 있나니 이름이 금강색이요,

부처님의 이름은 가장 자재한 지혜입니다.

저 세계에 보살이 있나니 이름이 법문이 으뜸입니다.

열 부처님의 국토에 작은 티끌 수만치 많은 모든 보살로 더불어 함께 부처님의 처소에 와 이르러

이른 이후에 예배하고, 곧 서북쪽에 연꽃으로 갈무리한 사자의 자리를 변화하여 만들어 결가좌하고 앉았습니다.

아래쪽으로 열 부처님의 국토에 작은 티끌 수만치 많은 세계를 지나 세계가 있나니 이름이 파려색이요, 부처님의 이름은 맑은 지혜입니다.

저 세계에 보살이 있나니 이름이 지혜가 으뜸입니다.

열 부처님의 국토에 작은 티끌 수만치 많은 모든 보살로 더불어 함께 부처님의 처소에 와 이르러 이른 이후에 예배하고, 곧 아래쪽에 연꽃으로 갈무리한 사자의 자리를 변화하여 만들어 결가부좌하고 앉았습니다.

위쪽으로 열 부처님의 국토에 작은 티끌 수만치 많은 세계를 지나 세계가 있나니 이름이 평등한

색이요,

부처님의 이름은 관찰하는 지혜입니다.

저 세계에 보살이 있나니 이름이 어짊이 으뜸입니다.

열 부처님의 국토에 작은 티끌 수만치 많은 모든 보살로 더불어 함께 부처님의 처소에 와 이르러 이른 이후에 예배하고, 곧 위쪽에 연꽃으로 갈무리한 사자의 자리를 변화하여 만들어 결가부좌하고 앉았습니다.

그때에 문수사리보살마하살이 부처님의 위신력을 받아 널리 일체 보살의 회중을 관찰하고 이런 말을 하기를 이 모든 보살이 심히 희유합니다.

모든 불자여, 부처님의 국토는 가히 사의할 수 없으며,

부처님의 머무시는 곳과 부처님의 세계 장엄과

부처님의 법성과 부처님의 세계 청정과 부처님의 설법과 부처님의 출현과 부처님의 세계 성취와 부처님의 아뇩다라삼먁삼보리는 다 가히 사의할 수 없습니다.

무슨 까닭인가. 모든 불자여, 시방세계에 일체 모든 부처님이 모든 중생의 좋아하고 욕망하는 것이 같지 아니한 줄 알아서 그들이 응하는 바를 따라 설법하여 조복하되 이와 같이 내지 법계와 허공계와 같이 하십니다.

모든 불자여, 여래가 이 사바세계 모든 사천하에 가지가지 몸과 가지가지 이름과 가지가지 색상과 가지가지 길고 짧은 것과 가지가지 수명의 양과 가지가지 처소와 가지가지 육근(諸根)과 가지가지 태어나는 곳과 가지가지 어업語業과 가지가지 관찰로써 모든 중생으로 하여금 각각 다르게 알아보게 하십니다.

모든 불자여, 여래가 이 사천하 가운데 혹은 이름이 일체의 뜻을 성취한 사람이며

혹은 이름이 원만한 달이며

혹은 이름이 사자후며

혹은 이름이 석가모니이며

혹은 이름이 제칠선이며

혹은 이름이 비로자나이며

혹은 이름이 구담씨이며

혹은 이름이 대사문이며

혹은 이름이 가장 수승한 사람이며

혹은 이름이 도사입니다.

이와 같은 등 그 명호 수數 십천으로써 모든 중생으로 하여금 각각 다르게 알아보게 하십니다.

모든 불자여, 이 사천하 동쪽에 다음으로 세계가

있나니 이름이 잘 보호하는 곳이라 합니다.

여래가 저곳에서 혹은 이름이 금강이며

혹은 이름이 자재이며

혹은 이름이 지혜 있는 사람이며

혹은 이름이 이기기 어려운 사람이며

혹은 이름이 구름 왕이며

혹은 이름이 다툼이 없는 사람이며

혹은 이름이 능히 주인이 되는 사람이며

혹은 이름이 마음이 환희로운 사람이며

혹은 이름이 더불어 같을 이가 없는 사람이며

혹은 이름이 언어와 논리를 끊는 사람입니다.

이와 같은 등 그 명호 수 십천으로 모든 중생으로 하여금 각각 다르게 알아보게 하십니다.

모든 불자여, 이 사천하 남쪽에 다음으로 세계가 있나니 이름이 참기 어려운 곳입니다.

여래가 저곳에서 혹은 이름이 제석이며

혹은 이름이 보배라 부르며

혹은 이름이 때를 떠난 사람이며

혹은 이름이 진실한 말을 하는 사람이며

혹은 이름이 능히 조복하는 사람이며

혹은 이름이 환희를 구족한 사람이며

혹은 이름이 크게 소문난 사람이며

혹은 이름이 능히 이익케 하는 사람이며

혹은 이름이 끝없는 사람이며

혹은 이름이 가장 수승한 사람입니다.

이와 같은 등 그 명호 수 십천으로써 모든 중생으로 하여금 각각 다르게 알아보게 하십니다.

모든 불자여, 이 사천하 서쪽에 다음으로 세계가 있나니 이름이 지혜를 친하는 곳입니다.

여래가 저곳에서 혹은 이름이 물이요 하늘이며

혹은 이름이 환희로 보는 사람이며

혹은 이름이 가장 수승한 왕이며

혹은 이름이 조복하는 하늘이며

혹은 이름이 진실한 지혜이며

혹은 이름이 구경에 이른 사람이며

혹은 이름이 환희하는 사람이며

혹은 이름이 진리의 지혜이며

혹은 이름이 소작사를 이미 갖춘 사람이며

혹은 이름이 잘 머무는 사람입니다.

이와 같은 등 그 명호 수 십천으로써 모든 중생으로 하여금 각각 다르게 알아보게 하십니다.

모든 불자여, 이 사천하 북쪽에 다음으로 세계가 있나니 이름이 사자가 있는 곳입니다.

여래가 저곳에서 혹은 이름이 대모니이며

혹은 이름이 고행하는 사람이며

혹은 이름이 세간에서 존중하는 바 사람이며

혹은 이름이 가장 수승한 밭이며

혹은 이름이 일체 지혜이며

혹은 이름이 좋은 뜻이며

혹은 이름이 청정한 사람이며

혹은 이름이 예라발나이며

혹은 이름이 최상으로 보시하는 사람이며

혹은 이름이 고행을 얻은 사람입니다.

이와 같은 등 그 명호 수 십천으로써 모든 중생으로 하여금 각각 다르게 알아보게 하십니다.

모든 불자여, 이 사천하 동북쪽에 다음으로 세계가 있나니 이름이 묘하게 관찰하는 곳입니다.

여래가 저곳에서 혹은 이름이 마군을 조복하는 사람이며

혹은 이름이 성취한 사람이며

혹은 이름이 쉬어 소멸한 사람이며

혹은 이름이 어진 하늘이며

혹은 이름이 탐욕을 떠난 사람이며

혹은 이름이 수승한 지혜이며

혹은 이름이 마음이 평등한 사람이며

혹은 이름이 능히 이길 수 없는 사람이며

혹은 이름이 지혜의 소리이며

혹은 이름이 출현하기 어려운 사람입니다.

이와 같은 등 그 명호 수 십천으로써 모든 중생으로 하여금 각각 다르게 알아보게 하십니다.

모든 불자여, 이 사천하 동남쪽에 다음으로 세계가 있나니 이름이 기뻐하고 좋아하는 곳입니다.

여래가 저곳에서 혹은 이름이 지극히 위엄스런 사람이며

혹은 이름이 광명 불꽃 뭉치이며

혹은 이름이 두루 아는 사람이며

혹은 이름이 비밀한 사람이며

혹은 이름이 해탈한 사람이며

혹은 이름이 자성에 편안히 머문 사람이며

혹은 이름이 여법하게 수행한 사람이며

혹은 이름이 청정한 눈의 왕이며

혹은 이름이 크게 용건한 사람이며

혹은 이름이 정진력입니다.

이와 같은 등 그 명호 수 십천으로써 모든 중생으로 하여금 각각 다르게 알아보게 하십니다.

모든 불자여, 이 사천하 서남쪽에 다음으로 세계가 있나니 이름이 매우 견고한 곳입니다.

여래가 저곳에서 혹은 이름이 편안히 머무는 사람이며

혹은 이름이 지혜의 주인이며

혹은 이름이 원만한 사람이며

혹은 이름이 움직이지 않는 사람이며

혹은 이름이 묘한 눈이며

혹은 이름이 최고왕이며

혹은 이름이 자재한 음성이며

혹은 이름이 일체를 보시하는 사람이며

혹은 이름이 대중을 호지하는 신선이며

혹은 이름이 수승한 수미산입니다.

이와 같은 등 그 명호 수 십천으로써 모든 중생으로 하여금 각각 다르게 알아보게 하십니다.

모든 불자여, 이 사천하 서북쪽에 다음으로 세계가 있나니 이름이 미묘한 땅입니다.

여래가 저곳에서 혹은 이름이 널리 두루하는 사람이며

혹은 이름이 광명의 불꽃이며

혹은 이름이 마니 상투이며

혹은 이름이 가히 기억하여 생각하는 사람이며

혹은 이름이 더 이상 없는 뜻이며

혹은 이름이 항상 기쁘게 하고 즐겁게 하는 사람이며

혹은 이름이 성품이 청정한 사람이며

혹은 이름이 원만한 광명이며

혹은 이름이 긴 팔이며

혹은 이름이 근본에 머무는 사람입니다.

이와 같은 등 그 명호 수 십천으로써 모든 중생으로 하여금 각각 다르게 알아보게 하십니다.

모든 불자여, 이 사천하 다음 아래쪽에 세계가 있나니 이름이 불꽃 지혜가 나는 곳입니다.

여래가 저곳에서 혹은 이름이 선근을 모으는 사람이며

혹은 이름이 사자의 모습이며

혹은 이름이 용맹하고 영리하고 지혜로운 사람이며

혹은 이름이 금색 불꽃이며

혹은 이름이 일체를 아는 사람이며

혹은 이름이 구경의 음성이며

혹은 이름이 이익을 짓는 사람이며

혹은 이름이 구경에 이른 사람이며

혹은 이름이 진실한 하늘이며

혹은 이름이 널리 두루 수승한 사람입니다.

이와 같은 등 그 명호 수 십천으로써 모든 중생으로 하여금 각각 다르게 알아보게 하십니다.

모든 불자여, 이 사천하 다음 위쪽에 세계가 있나니 이름이 땅을 호지하는 곳입니다.

여래가 저곳에서 혹은 이름이 지혜가 있는 사람이며

혹은 이름이 청정한 얼굴이며

혹은 이름이 깨달은 지혜이며

혹은 이름이 최고 으뜸이며

혹은 이름이 수행으로 장엄한 사람이며

혹은 이름이 환희를 발생하는 사람이며

혹은 이름이 뜻을 성취하여 만족한 사람이며

혹은 이름이 왕성한 불길과 같은 사람이며

혹은 이름이 계를 가지는 사람이며

혹은 이름이 한길입니다.

이와 같은 등 그 명호 수 십천으로써 모든 중생으로 하여금 각각 다르게 알아보게 하십니다.

모든 불자여, 이 사바세계에 백억 사천하가 있나니 여래가 그 가운데 백억만 가지가지 명호를 두어서 모든 중생으로 하여금 각각 다르게 알아보게 하십니다.

모든 불자여, 이 사바세계 동쪽에 다음으로 세계가 있나니 이름이 비밀하게 가르치는 곳입니다.

여래가 저곳에서 혹은 이름이 평등한 사람이며

혹은 이름이 수승한 사람이며

혹은 이름이 안위이며

혹은 이름이 뜻을 열어 밝히는 사람이며

혹은 이름이 듣는 지혜이며

혹은 이름이 진실한 말을 하는 사람이며

혹은 이름이 자재를 얻은 사람이며

혹은 이름이 가장 수승한 몸이며

혹은 이름이 대용맹이며

혹은 이름이 비등할 수 없는 지혜입니다.

이와 같은 등 백억만 가지가지 명호로써 모든 중생으로 하여금 각각 다르게 알아보게 하십니다.

모든 불자여, 이 사바세계 남쪽에 다음으로 세계가 있나니 이름이 풍부하게 넘치는 곳입니다.

여래가 저곳에서 혹은 이름이 본성이며

혹은 이름이 부지런한 뜻이며

혹은 이름이 더 이상 없는 높은 사람이며

혹은 이름이 큰 지혜 횃불이며

혹은 이름이 의지할 바 없는 사람이며

혹은 이름이 광명의 창고이며

혹은 이름이 지혜의 창고이며

혹은 이름이 복덕의 창고이며

혹은 이름이 하늘 가운데 하늘이며

혹은 이름이 대자재입니다.

이와 같은 등 백억만 가지가지 명호로써 모든 중생으로 하여금 각각 다르게 알아보게 하십니다.

모든 불자여, 이 사바세계 서쪽에 다음으로 세계가 있나니 이름이 때를 떠난 곳입니다.

여래가 저곳에서 혹은 이름이 뜻을 이룬 사람이며

혹은 이름이 도를 아는 사람이며

혹은 이름이 편안히 근본에 머무는 사람이며

혹은 이름이 능히 결박을 푸는 사람이며

혹은 이름이 통달한 뜻이며

혹은 이름이 즐겁게 분별하는 사람이며

혹은 이름이 가장 수승한 견해이며

혹은 이름이 조복을 행하는 사람이며

혹은 이름이 수많은 고통을 행하는 사람이며

혹은 이름이 구족한 힘입니다.

이와 같은 등 백억만 가지가지 명호로써 모든 중생으로 하여금 각각 다르게 알아보게 하십니다.

모든 불자여, 이 사바세계 북쪽에 다음으로 세계가 있나니 이름이 풍요롭고 즐거운 곳입니다.

여래가 저곳에 혹은 이름이 담복화 색이며

혹은 이름이 태양 창고이며

혹은 이름이 잘 머무는 사람이며

혹은 이름이 신통을 나타내는 사람이며

혹은 이름이 자성이 멀리 뛰어난 사람이며

혹은 이름이 지혜 태양이며

혹은 이름이 걸림이 없는 사람이며

혹은 이름이 달이 나타나는 것과 같으며

혹은 이름이 빠른 바람이며

혹은 이름이 청정한 몸입니다.

이와 같은 등 백억만 가지가지 명호로써 모든 중생으로 하여금 각각 다르게 알아보게 하십니다.

모든 불자여, 이 사바세계 동북쪽에 다음으로 세계가 있나니 이름이 섭수하여 취하는 곳입니다.
여래가 저곳에서 혹은 이름이 영원히 고통을 떠난 사람이며

혹은 이름이 널리 해탈한 사람이며

혹은 이름이 큰 복장伏藏이며

혹은 이름이 해탈한 지혜이며

혹은 이름이 과거 창고이며

혹은 이름이 보배광명이며

혹은 이름이 세간을 떠난 사람이며

혹은 이름이 걸림 없는 땅이며

혹은 이름이 청정한 믿음의 창고이며

혹은 이름이 마음이 움직이지 않는 사람입니다.

이와 같은 등 백억만 가지가지 명호로써 모든 중생으로 하여금 각각 다르게 알아보게 하십니다.

모든 불자여, 이 사바세계 동남쪽에 다음으로 세계가 있나니 이름이 요익케 하는 곳입니다.

여래가 저곳에서 혹은 이름이 광명을 나타내는 사람이며

혹은 이름이 모든 지혜이며

혹은 이름이 아름다운 목소리이며

혹은 이름이 수승한 근성이며

혹은 이름이 장엄한 일산이며

혹은 이름이 정진의 뿌리이며

혹은 이름이 피안에 이름을 분별하는 사람이며

혹은 이름이 수승한 삼매이며

혹은 이름이 말을 분별하는 사람이며

혹은 이름이 지혜의 바다입니다.

이와 같은 등 백억만 가지가지 명호로써 모든

중생으로 하여금 각각 다르게 알아보게 하십니다.

모든 불자여, 이 사바세계 서남쪽에 다음으로 세계가 있나니 이름이 적은 곳입니다.

여래가 저곳에서 혹은 이름이 모니 주인이며

혹은 이름이 수많은 보배를 구족한 사람이며

혹은 이름이 세간을 해탈한 사람이며

혹은 이름이 두루 아는 근성이며

혹은 이름이 수승한 말이며

혹은 이름이 분명하게 알아보는 사람이며

혹은 이름이 근성이 자재한 사람이며

혹은 이름이 큰 선사仙師이며

혹은 이름이 열어 인도하는 것이 업業이며

혹은 이름이 금강사자입니다.

이와 같은 등 백억만 가지가지 명호로써 모든 중생으로 하여금 각각 다르게 알아보게 하십니다.

모든 불자여, 이 사바세계 서북쪽에 다음으로 세

계가 있나니 이름이 환희한 곳입니다.

여래가 저곳에서 혹은 이름이 묘한 꽃 뭉치이며

혹은 이름이 전단 일산이며

혹은 이름이 연꽃 창고이며

혹은 이름이 모든 법을 초월한 사람이며

혹은 이름이 진리의 보배이며

혹은 이름이 다시 출생한 사람이며

혹은 이름이 청정하고 묘한 일산이며

혹은 이름이 광대한 눈이며

혹은 이름이 선한 법이 있는 사람이며

혹은 이름이 오로지 법만을 생각하는 사람이며

혹은 이름이 그물의 창고입니다.

이와 같은 등 백억만 가지가지 명호로써 모든 중생으로 하여금 각각 다르게 알아보게 하십니다.

모든 불자여, 이 사바세계 다음 아래쪽에 세계가

있나니 이름이 관약한 곳입니다.

여래가 저곳에서 혹은 이름이 발기하는 불꽃이며

혹은 이름이 조복하는 독약이며

혹은 이름이 제석의 활이며

혹은 이름이 무상의 처소이며

혹은 이름이 깨달음의 근본이며

혹은 이름이 끊고 증장하는 사람이며

혹은 이름이 크게 빠른 사람이며

혹은 이름이 당연히 즐겁게 보시하는 사람이며

혹은 이름이 분별하는 길이며

혹은 이름이 꺾어 절복하는 당기입니다.

이와 같은 등 백억만 가지가지 명호로써 모든
중생으로 하여금 각각 다르게 알아보게 하십니다.

모든 불자여, 이 사바세계 다음 위쪽에 세계가
있나니 이름이 진동하는 소리입니다.

여래가 저곳에서 혹은 이름이 용맹한 당기며

혹은 이름이 한량없는 보배이며

혹은 이름이 즐거운 마음으로 크게 보시하는 사람이며

혹은 이름이 하늘 광명이며

혹은 이름이 길상을 일으키는 사람이며

혹은 이름이 경계를 초월한 사람이며

혹은 이름이 일체에 주인이며

혹은 이름이 물러나지 않는 바퀴이며

혹은 이름이 수많은 악을 떠난 사람이며

혹은 이름이 일체 지혜입니다.

이와 같은 등 백억만 가지가지 명호로써 모든 중생으로 하여금 각각 다르게 알아보게 하십니다.

모든 불자여, 이 사바세계와 같아서 이와 같이 동방으로 백천억 수도 없고 한량도 없고 끝도 없고 비등할 수도 없고 가히 셀 수도 없고 가히 이름할

수도 없고 가히 생각할 수도 없고 가히 헤아릴 수도
없고 가히 설할 수도 없는 온 법계와 허공계의 모든
세계 가운데 여래의 명호도 가지가지가 같지 아니
하며,

　남서북방과 사유四維와 상·하도 또한 다시 이와
같았습니다.

　세존이 옛날에 보살이 되었을 때에 가지가지 담론
과 가지가지 언어와 가지가지 음성과 가지가지 업과
가지가지 과보와 가지가지 처소와 가지가지 방편과
가지가지 근성과 가지가지 믿음과 지혜와 가지가지
지위로 성숙함을 얻은 것과 같이, 또한 모든 중생으
로 하여금 이와 같이 알아보게 하기 위하여 설법하십
니다.

사성제품

그때에 문수사리보살마하살이 모든 보살에게 일러 말하기를

모든 불자여, 고성제는 이 사바세계 가운데 혹은 이름이 죄이며

혹은 이름이 핍박이며

혹은 이름이 변하여 다른 것이며

혹은 이름이 반연이며

혹은 이름이 모으는 것이며

혹은 이름이 가시이며

혹은 이름이 의지하는 뿌리이며

혹은 이름이 헛된 미치광이이며

혹은 이름이 옹창의 처소이며

혹은 이름이 어리석은 사람의 행입니다.

모든 불자여, 고집성제는 이 사바세계 가운데 혹은 이름이 얽어매는 것이며

혹은 이름이 소멸하여 무너뜨리는 것이며

혹은 이름이 애착의 뜻이며

혹은 이름이 허망하게 깨달아 생각하는 것이며

혹은 이름이 나아가 들어가는 것이며

혹은 이름이 결정이며

혹은 이름이 그물이며

혹은 이름이 희론이며

혹은 이름이 따라 행하는 것이며

혹은 이름이 전도의 뿌리입니다.

모든 불자여, 고멸성제는 이 사바세계 가운데 혹은 이름이 다툼이 없는 것이며

혹은 이름이 육진을 떠난 것이며

혹은 이름이 고요한 것이며

혹은 이름이 모습이 없는 것이며

혹은 이름이 잃어버리지 않는 것이며

혹은 이름이 자성이 없는 것이며

혹은 이름이 장애가 없는 것이며

혹은 이름이 적멸이며

혹은 이름이 자체가 진실한 것이며

혹은 이름이 자성에 머무는 것입니다.

모든 불자여, 고멸도성제가 이 사바세계 가운데
혹은 이름이 일승이며

혹은 이름이 적멸에 나아가는 것이며

혹은 이름이 인도하는 것이며

혹은 이름이 구경에 분별이 없는 것이며

혹은 이름이 평등이며

혹은 이름이 짊어진 것을 버리는 것이며

혹은 이름이 나아갈 바가 없는 것이며

혹은 이름이 이 성인의 뜻을 따르는 것이며

혹은 이름이 선인의 행이며

혹은 이름이 십장입니다.

모든 불자여, 이 사바세계 가운데 사성제를 설한 것이 이와 같은 사백억 십천 가지의 이름이 있나니 중생의 마음을 따라서 다 하여금 조복케 하기 위한 것입니다.

모든 불자여, 이 사바세계에서 말한 바 고성제를 저 밀훈세계 가운데서는 혹은 이름이 꾀하여 구하는 뿌리이며

혹은 이름이 벗어나지 않는 것이며

혹은 이름이 얽어매는 근본이며

혹은 이름이 응당 짓지 말아야 할 바를 짓는 것이며

혹은 이름이 널리 투쟁하는 것이며

혹은 이름이 분석함에 다 힘이 없는 것이며

혹은 이름이 의지할 바를 짓는 것이며

혹은 이름이 극심한 괴로움이며

혹은 이름이 조급하게 움직이는 것이며

혹은 이름이 형상의 물건입니다.

모든 불자여, 말한 바 고집성제를 저 밀훈세계
가운데서는 혹은 이름이 생사를 따르는 것이며

혹은 이름이 염착이며

혹은 이름이 태우는 것이며

혹은 이름이 유전하는 것이며

혹은 이름이 패하여 무너뜨리는 근본이며

혹은 이름이 삼유三有에 상속하는 것이며

혹은 이름이 악행이며

혹은 이름이 애착이며

혹은 이름이 병의 근원이며

혹은 이름이 분수分數라 합니다.

모든 불자여, 말한 바 고멸성제를 저 밀훈세계
가운데서는 혹은 이름이 제일의이며

혹은 이름이 벗어나는 것이며

혹은 이름이 가히 찬탄할 것이며

혹은 이름이 안은이며

혹은 이름이 잘 들어가는 것이며

혹은 이름이 조복하는 것이며

혹은 이름이 일분一分이며

혹은 이름이 죄가 없는 것이며

혹은 이름이 탐욕을 떠난 것이며

혹은 이름이 결정이라 합니다.

모든 불자여, 말한 바 고멸도성제를 저 밀훈세계
가운데서는 혹은 이름이 용맹한 장수이며

혹은 이름이 최상으로 행하는 것이며

혹은 이름이 초월하여 벗어난 것이며

혹은 이름이 방편을 소유한 것이며

혹은 이름이 평등한 눈이며

혹은 이름이 변제를 떠난 것이며

혹은 이름이 요달하여 깨닫는 것이며

혹은 이름이 섭수하여 가지는 것이며

혹은 이름이 가장 수승한 눈이며

혹은 이름이 방위를 관찰하는 것이라 합니다.

모든 불자여, 밀훈세계에서 사성제를 설한 것이 이와 같은 등 사백억 십천 가지의 이름이 있나니 중생의 마음을 따라서 다 하여금 조복케 하기 위한 것입니다.

모든 불자여, 이 사바세계에서 말한 바 고성제를 저 최승세계 가운데서는 혹은 이름이 두려운 것이며

혹은 이름이 분단이며

혹은 이름이 가히 싫어하는 것이며

혹은 이름이 반드시 받들어 섬기는 것이며

혹은 이름이 변하여 달라지는 것이며

혹은 이름이 원수를 불러 인도하는 것이며

혹은 이름이 능히 사기 쳐 빼앗는 것이며

혹은 이름이 함께 하기 어려운 일이며

혹은 이름이 허망하게 분별하는 것이며

혹은 이름이 세력이 있는 것이라 합니다.

모든 불자여, 말한 바 고집성제를 저 최승세계 가운데서는 혹은 이름이 패하여 무너진 것이며

혹은 이름이 어리석음의 근원이며

혹은 이름이 큰 원수이며

혹은 이름이 예리한 칼날이며

혹은 이름이 맛이 없는 것이며

혹은 이름이 원수와 대면하는 것이며

혹은 이름이 자기 물건이 아니며

혹은 이름이 악도로 인도하는 것이며

혹은 이름이 흑암을 증장하는 것이며

혹은 이름이 좋은 이익을 무너뜨리는 것이라 합니다.

모든 불자여, 말한 바 고멸성제를 저 최승세계
가운데서는 혹은 이름이 큰 뜻이며

혹은 이름이 요익이며

혹은 이름이 뜻 가운데 뜻이며

혹은 이름이 양이 없는 것이며

혹은 이름이 응당 보는 바이며

혹은 이름이 분별을 떠난 것이며

혹은 이름이 최상으로 조복하는 것이며

혹은 이름이 항상 평등한 것이며

혹은 이름이 가히 같이 머물 만한 것이며

혹은 이름이 작위함이 없는 것이라 합니다.

모든 불자여, 말한 바 고멸도성제를 저 최승세계
가운데서는 혹은 이름이 능히 태우는 것이며

혹은 이름이 최고 상품이며

혹은 이름이 결정이며

혹은 이름이 능히 파괴할 수 없는 것이며

혹은 이름이 깊은 방편이며

혹은 이름이 벗어나는 것이며

혹은 이름이 하열하지 않는 것이며

혹은 이름이 통달이며

혹은 이름이 해탈한 성품이며

혹은 이름이 능히 제도하여 벗어나게 하는 것이라 합니다.

모든 불자여, 최승세계에서 사성제를 설한 것이 이와 같은 등 사백억 십천 가지의 이름이 있나니 중생의 마음을 따라서 다 하여금 조복케 하기 위한 것입니다.

모든 불자여, 이 사바세계에서 말한 바 고성제를 저 이구세계 가운데서는 혹은 뉘우치고 한탄하는 것이며

혹은 이름이 도움을 기다리는 것이며

혹은 이름이 전전展轉하는 것이며

혹은 이름이 성에 머무는 것이며

혹은 이름이 한맛이며

혹은 이름이 비법이며

혹은 이름이 집에 거처하는 것이며

혹은 이름이 허망하게 집착하는 곳이며

혹은 이름이 허망한 소견이며

혹은 이름이 수가 없는 것이라 합니다.

모든 불자여, 말한 바 고집성제를 저 이구세계 가운데서는 혹은 이름이 실물이 없는 것이며

혹은 이름이 다만 말만 있을 뿐이며

혹은 이름이 결백하지 못한 것이며

혹은 이름이 생기하는 땅이며

혹은 이름이 집착하여 취하는 것이며

혹은 이름이 비천한 것이며

혹은 이름이 증장하는 것이며

혹은 이름이 무거운 짐이며

혹은 이름이 능히 생기하는 것이며

혹은 이름이 크게 사나운 것이라 합니다.

모든 불자여, 말한 바 고멸성제를 저 이구세계 가운데서는 혹은 이름이 비등할 수 없고 비등할 수 없는 것이며

혹은 이름이 널리 제거하여 다한 것이며

혹은 이름이 때를 떠난 것이며

혹은 이름이 가장 수승한 뿌리이며

혹은 이름이 칭합하여 아는 것이며

혹은 이름이 도움을 기다릴 것이 없는 것이며

혹은 이름이 번뇌를 소멸한 것이며

혹은 이름이 최상이며

혹은 이름이 필경이며

혹은 이름이 도장이 깨어진 것이라 합니다.

모든 불자여, 말한 바 고멸도성제를 저 이구세계

가운데서는 혹은 이름이 견고한 물건이며

   혹은 이름이 방편분이며

   혹은 이름이 해탈의 근본이며

   혹은 이름이 본성이 진실한 것이며

   혹은 이름이 가히 비방하거나 헐뜯지 못하는 것
이며

   혹은 이름이 가장 청정한 것이며

   혹은 이름이 삼유의 끝이며

   혹은 이름이 받아 의지함이 온전한 것이며

   혹은 이름이 구경을 짓는 것이며

   혹은 이름이 청정하게 분별하는 것이라 합니다.

   모든 불자여, 이구세계에서 사성제를 설한 것이
이와 같은 등 사백억 십천 가지의 이름이 있나니
중생의 마음을 따라서 다 하여금 조복케 하기 위한
것입니다.

모든 불자여, 이 사바세계에서 말한 바 고성제를 저 풍일세계 가운데서는 혹은 이름이 사랑에 물든 곳이며

혹은 이름이 험하고 해로운 근본이며

혹은 이름이 삼유 바다의 분한이며

혹은 이름이 쌓아 모아 이루는 것이며

혹은 이름이 차별의 근본이며

혹은 이름이 증장하는 것이며

혹은 이름이 생멸하는 것이며

혹은 이름이 장애이며

혹은 이름이 칼의 근본이며

혹은 이름이 수數로 이루어진 바라 합니다.

모든 불자여, 말한 바 고집성제를 저 풍일세계 가운데서는 혹은 이름이 가히 싫어할 만한 것이며

혹은 이름이 명자名字이며

혹은 이름이 끝이 없는 것이며

혹은 이름이 분수分數이며

혹은 이름이 가히 사랑할 수 없는 것이며

혹은 이름이 능히 움켜쥐고 깨무는 것이며

혹은 이름이 크게 더러운 물건이며

혹은 이름이 애착하는 것이며

혹은 이름이 그릇이며

혹은 이름이 움직이는 것이라 합니다.

모든 불자여, 말한 바 고멸성제를 저 풍일세계 가운데서는 혹은 이름이 상속하여 끊는 것이며

혹은 이름이 열어서 나타낸 것이며

혹은 이름이 문자가 없는 것이며

혹은 이름이 닦을 바가 없는 것이며

혹은 이름이 볼 바가 없는 것이며

혹은 이름이 지을 바가 없는 것이며

혹은 이름이 적멸이며

혹은 이름이 이미 태워 다한 것이며

혹은 이름이 무거운 짐을 버린 것이며

혹은 이름이 이미 제거하여 무너뜨린 것이라 합
니다.

모든 불자여, 말한 바 고멸도성제를 저 풍일세계
가운데서는 혹은 이름이 적멸의 행이며

혹은 이름이 벗어난 행이며

혹은 이름이 부지런히 닦아 증득한 것이며

혹은 이름이 편안하게 가는 것이며

혹은 이름이 헤아릴 수 없는 수명이며

혹은 이름이 잘 요달하여 아는 것이며

혹은 이름이 구경의 도이며

혹은 이름이 닦아 익히기 어려운 것이며

혹은 이름이 피안에 이르는 것이며

혹은 이름이 능히 이길 것이 없는 것이라 합니다.

모든 불자여, 풍일세계에서 사성제를 설한 것이
이와 같은 등 사백억 십천 가지의 이름이 있나니

중생의 마음을 따라서 다 하여금 조복케 하기 위한
것입니다.

　모든 불자여, 이 사바세계에서 말한 바 고성제를
저 섭취세계 가운데서는 혹은 이름이 능히 세월(劫)
을 빼앗는 것이며
　혹은 이름이 선우가 아니며
　혹은 이름이 두려움이 많은 것이며
　혹은 이름이 가지가지 희론이며
　혹은 이름이 지옥의 성품이며
　혹은 이름이 진실한 뜻이 아니며
　혹은 이름이 탐욕의 짐이며
　혹은 이름이 깊고 무거운 뿌리이며
　혹은 이름이 마음을 따라 전하는 것이며
　혹은 이름이 근본적으로 공한 것이라 합니다.
　모든 불자여, 말한 바 고집성제를 저 섭취세계

가운데서는 혹은 이름이 탐착이며

　　혹은 이름이 악을 이루어 갖춘 것이며

　　혹은 이름이 과실과 죄악이며

　　혹은 이름이 빠른 것이며

　　혹은 이름이 능히 잡아 취하는 것이며

　　혹은 이름이 생각이며

　　혹은 이름이 과보가 있는 것이며

　　혹은 이름이 가히 설할 바가 없는 것이며

　　혹은 이름이 가히 취할 것이 없는 것이며

　　혹은 이름이 유전이라 합니다.

　　모든 불자여, 말한 바 고멸성제를 저 섭취세계
가운데서는 혹은 이름이 물러나지 않는 것이며

　　혹은 이름이 언설을 떠난 것이며

　　혹은 이름이 모습이 없는 것이며

　　혹은 이름이 가히 기뻐하고 즐거워하는 것이며

　　혹은 이름이 견고한 것이며

202

혹은 이름이 최상으로 묘한 것이며

혹은 이름이 어리석음을 떠난 것이며

혹은 이름이 소멸하여 다한 것이며

혹은 이름이 악을 멀리한 것이며

혹은 이름이 벗어난 것이라 합니다.

모든 불자여, 말한 바 고멸도성제를 저 섭취세계 가운데서는 혹은 이름이 말을 떠난 것이며

혹은 이름이 다툼이 없는 것이며

혹은 이름이 가르쳐 인도하는 것이며

혹은 이름이 잘 회향하는 것이며

혹은 이름이 큰 선교방편이며

혹은 이름이 차별한 방편이며

혹은 이름이 허공과 같은 것이며

혹은 이름이 고요한 행이며

혹은 이름이 수승한 지혜이며

혹은 이름이 능히 아는 뜻이라 합니다.

모든 불자여, 섭취세계에서 사성제를 설한 것이
이와 같은 등 사백억 십천 가지의 이름이 있나니
중생의 마음을 따라서 다 하여금 조복케 하기 위한
것입니다.

모든 불자여, 이 사바세계에서 말한 바 고성제를
저 요익세계 가운데서는 혹은 이름이 무거운 짐이며
　혹은 이름이 견고하지 못한 것이며
　혹은 이름이 도적과 같으며
　혹은 이름이 늙어 죽는 것이며
　혹은 이름이 사랑으로 이루어진 바이며
　혹은 이름이 유전이며
　혹은 이름이 피로한 것이며
　혹은 이름이 악한 모습이며
　혹은 이름이 생장하는 것이며
　혹은 이름이 예리한 칼이라 합니다.

모든 불자여, 말한 바 고집성제를 저 요익세계
가운데서는 혹은 이름이 패하여 무너진 것이며

혹은 이름이 혼탁한 것이며

혹은 이름이 물러나 잃은 것이며

혹은 이름이 능력이 없는 것이며

혹은 이름이 잃은 것이며

혹은 이름이 어기는 것이며

혹은 이름이 화합하지 않는 것이며

혹은 이름이 짓는 바이며

혹은 이름이 취하는 것이며

혹은 이름이 의욕이라 합니다.

모든 불자여, 말한 바 고멸성제를 저 요익세계
가운데서는 혹은 이름이 지옥에서 벗어난 것이며

혹은 이름이 진실이며

혹은 이름이 어려움을 떠난 것이며

혹은 이름이 덮어 보호하는 것이며

혹은 이름이 악을 떠난 것이며

혹은 이름이 수순하는 것이며

혹은 이름이 근본이며

혹은 이름이 원인을 떠난 것이며

혹은 이름이 작위함이 없는 것이며

혹은 이름이 상속함이 없는 것이라 합니다.

모든 불자여, 말한 바 고멸도성제를 저 요익세계 가운데서는 혹은 이름이 무소유를 요달한 것이며

혹은 이름이 일체 도장이며

혹은 이름이 삼매의 창고이며

혹은 이름이 광명을 얻은 것이며

혹은 이름이 물러나지 않는 법이며

혹은 이름이 능히 유(有)를 다한 것이며

혹은 이름이 광대한 길이며

혹은 이름이 능히 조복하는 것이며

혹은 이름이 안은함이 있는 것이며

혹은 이름이 유전하지 않는 근본이라 합니다.

모든 불자여, 요익세계에서 사성제를 설한 것이
이와 같은 등 사백억 십천 가지의 이름이 있나니
중생의 마음을 따라서 다 하여금 조복케 하기 위한
것입니다.

모든 불자여, 이 사바세계에서 말한 바 고성제를
저 선소세계 가운데서는 혹은 이름이 위험한 낙욕
이며

혹은 이름이 얽어 매인 곳이며

혹은 이름이 삿된 행이며

혹은 이름이 따라 받는 것이며

혹은 이름이 부끄러움이 없는 것이며

혹은 이름이 탐욕의 근원이며

혹은 이름이 항하의 유수이며

혹은 이름이 항상 파괴하는 것이며

혹은 이름이 횃불의 자성이며

혹은 이름이 근심과 고뇌가 많은 것이라 합니다.

모든 불자여, 말한 바 고집성제를 저 선소세계
가운데서는 혹은 이름이 넓은 땅이며

혹은 이름이 능히 나아가는 것이며

혹은 이름이 지혜와는 먼 것이며

혹은 이름이 고난에 머무는 것이며

혹은 이름이 두려운 것이며

혹은 이름이 방일하는 것이며

혹은 이름이 섭수하여 취하는 것이며

혹은 이름이 집착하는 곳이며

혹은 이름이 집의 주인이며

혹은 이름이 연이어 결박하는 것이라 합니다.

모든 불자여, 말한 바 고멸성제를 저 선소세계
가운데서는 혹은 이름이 충만이며

혹은 이름이 죽지 않는 것이며

혹은 이름이 무아이며

혹은 이름이 자성이 없는 것이며

혹은 이름이 분별이 다한 것이며

혹은 이름이 안락하게 머무는 것이며

혹은 이름이 한량이 없는 것이며

혹은 이름이 유전을 끊은 것이며

혹은 이름이 행할 곳을 끊은 것이며

혹은 이름이 둘이 없는 것이라 합니다.

모든 불자여, 말한 바 고멸도성제를 저 선소세계

가운데서는 혹은 이름이 대광명이며

혹은 이름이 연설의 바다이며

혹은 이름이 간택하는 뜻이며

혹은 이름이 화합하는 법이며

혹은 이름이 취하여 집착함을 떠난 것이며

혹은 이름이 상속함을 끊은 것이며

혹은 이름이 광대한 길이며

혹은 이름이 평등한 원인이며

혹은 이름이 청정한 방편이며

혹은 이름이 가장 수승한 소견이라 합니다.

모든 불자여, 선소세계에서 사성제를 설한 것이
이와 같은 등 사백억 십천 가지의 이름이 있나니
중생의 마음을 따라서 다 하여금 조복케 하기 위한
것입니다.

모든 불자여, 이 사바세계에서 말한 바 고성제를
저 환희세계 가운데서는 혹은 이름이 유전이며

혹은 이름이 출생이며

혹은 이름이 이익을 잃은 것이며

혹은 이름이 염착이며

혹은 이름이 무거운 짐이며

혹은 이름이 차별이며

혹은 이름이 안으로 험난한 것이며

혹은 이름이 모이는 것이며

혹은 이름이 나쁜 집이며

혹은 이름이 고뇌하는 성품이라 합니다.

모든 불자여, 말한 바 고집성제를 저 환희세계
가운데서는 혹은 이름이 땅이며

혹은 이름이 방편이며

혹은 이름이 때가 아니며

혹은 이름이 진실한 법이 아니며

혹은 이름이 밑이 없는 것이며

혹은 이름이 섭수하여 취하는 것이며

혹은 이름이 계율을 떠난 것이며

혹은 이름이 번뇌의 법이며

혹은 이름이 좁고 하열한 소견이며

혹은 이름이 때의 뭉치라 합니다.

모든 불자여, 말한 바 고멸성제를 저 환희세계
가운데서는 혹은 이름이 의지가 무너진 것이며

혹은 이름이 방일하지 않는 것이며

혹은 이름이 진실이며

혹은 이름이 평등이며

혹은 이름이 선하고 청정한 것이며

혹은 이름이 병이 없는 것이며

혹은 이름이 굴곡이 없는 것이며

혹은 이름이 모습이 없는 것이며

혹은 이름이 자재며

혹은 이름이 난 적이 없는 것이라 합니다.

모든 불자여, 말한 바 고멸도성제를 저 환희세계 가운데서는 혹은 이름이 수승한 경계에 들어가는 것이며

혹은 이름이 집集을 끊은 것이며

혹은 이름이 비등한 유형을 뛰어난 것이며

혹은 이름이 광대한 성품이며

혹은 이름이 분별이 다한 것이며

혹은 이름이 신통력의 길이며

혹은 이름이 수많은 방편이며

혹은 이름이 바른 생각으로 행하는 것이며

혹은 이름이 영원한 적멸의 길이며

혹은 이름이 섭수하는 해탈인 것이라 합니다.

모든 불자여, 환희세계에서 사제를 설한 것이 이
와 같은 등 사백억 십천 가지의 이름이 있나니 중생
의 마음을 따라서 다 하여금 조복케 하기 위한 것입
니다.

모든 불자여, 이 사바세계에서 말한 바 고성제를
저 관약세계 가운데서는 혹은 이름이 패하여 무너진
모습이며

혹은 이름이 잔과 같은 그릇이며

혹은 이름이 내가 이룬 바이며

혹은 이름이 육취의 몸이며

혹은 이름이 자주 유전하는 것이며

혹은 이름이 수많은 악한 문이며

혹은 이름이 성품이 괴로운 것이며

혹은 이름이 가히 버릴 것이며

혹은 이름이 맛이 없는 것이며

혹은 이름이 오고 가는 것이라 합니다.

모든 불자여, 말한 바 고집성제를 저 관약세계 가운데서는 혹은 이름이 행이며

혹은 이름이 분노의 독이며

혹은 이름이 화합이며

혹은 이름이 감수하는 인연(支)이며

혹은 이름이 나의 마음이며

혹은 이름이 잡염의 독이며

혹은 이름이 허망한 명칭이며

혹은 이름이 어기는 것이며

혹은 이름이 심한 고뇌이며

혹은 이름이 놀라는 것이라 합니다.

모든 불자여, 말한 바 고멸성제를 저 관약세계 가운데서는 혹은 이름이 쌓아 모으는 것이 없는 것이며

혹은 이름이 가히 얻을 수 없는 것이며

혹은 이름이 묘한 약이며

혹은 이름이 가히 무너뜨릴 수 없는 것이며

혹은 이름이 집착이 없는 것이며

혹은 이름이 한량이 없는 것이며

혹은 이름이 광대한 것이며

혹은 이름이 깨달음의 분위이며

혹은 이름이 잡염을 떠난 것이며

혹은 이름이 장애가 없는 것이라 합니다.

모든 불자여, 말한 바 고멸도성제를 저 관약세계 가운데서는 혹은 이름이 안은한 행이며

혹은 이름이 욕망을 떠난 것이며

혹은 이름이 구경의 진실이며

혹은 이름이 일의一義에 들어가는 것이며

혹은 이름이 성품이 구경이며

혹은 이름이 맑게 나타나는 것이며

혹은 이름이 생각을 섭수하는 것이며

혹은 이름이 해탈에 나아가는 것이며

혹은 이름이 구제하는 것이며

혹은 이름이 수승한 행이라 합니다.

모든 불자여, 관약세계에서 사성제를 설한 것이 이와 같은 등 사백억 십천 가지의 이름이 있나니 중생의 마음을 따라서 다 하여금 조복케 하기 위한 것입니다.

모든 불자여, 이 사바세계에서 말한 바 고성제를 저 진음세계 가운데서는 혹은 이름이 숨어 있는 흉터이며

혹은 이름이 세간이며

혹은 이름이 의지할 곳이며

혹은 이름이 오만한 것이며

혹은 이름이 물들어 집착케 하는 성품이며

혹은 이름이 빨리 흐르는 것이며

혹은 이름이 가히 즐거워할 수 없는 것이며

혹은 이름이 덮어 갈무리하는 것이며

혹은 이름이 빨리 소멸하는 것이며

혹은 이름이 조복하기 어려운 것이라 합니다.

모든 불자여, 말한 바 고집성제를 저 진음세계 가운데서는 혹은 이름이 반드시 제복制伏하는 것이며

혹은 이름이 마음이 나아가는 곳이며

혹은 이름이 능히 얽어매는 것이며

혹은 이름이 생각을 따라 일어나는 것이며

혹은 이름이 후변後邊에 이르는 것이며

혹은 이름이 함께 화합하는 것이며

혹은 이름이 분별이며 혹은 이름이 문(門)이며

혹은 이름이 움직이는 것이며

혹은 이름이 숨겨 덮는 것이라 합니다.

모든 불자여, 말한 바 고멸성제를 저 진음세계

가운데서는 혹은 이름이 의지할 곳이 없는 것이며

혹은 이름이 가히 취할 수 없는 것이며

혹은 이름이 전전히 도는 것이며

혹은 이름이 다툼을 떠난 것이며

혹은 이름이 작은 것이며

혹은 이름이 큰 것이며

혹은 이름이 선하고 청정한 것이며

혹은 이름이 끝이 없는 것이며

혹은 이름이 넓은 것이며

혹은 이름이 비등할 수 없는 값이라 합니다.

모든 불자여, 말한 바 고멸도성제를 저 진음세계

가운데서는 혹은 이름이 관찰이며

혹은 이름이 능히 적을 꺾는 것이며

혹은 이름이 요달하여 아는 도장이며

혹은 이름이 능히 들어가는 자성이며

혹은 이름이 대적하기 어려운 것이며

혹은 이름이 무한의 뜻이며

혹은 이름이 능히 들어가는 지혜이며

혹은 이름이 화합하는 길이며

혹은 이름이 항상 움직이지 않는 것이며

혹은 이름이 수승한 뜻이라 합니다.

모든 불자여, 진음세계에서 사성제를 설한 것이 이와 같은 등 사백억 십천 가지의 이름이 있나니 중생의 마음을 따라서 다 하여금 조복케 하기 위한 것입니다.

모든 불자여, 이 사바세계에서 사성제를 설한 것

이 사백억 십천 가지의 이름이 있는 것과 같아서 이와 같이 동방의 백천억 수도 없고 양도 없고 끝도 없고 같을 수도 없고 가히 셀 수도 없고 가히 이름할 수도 없고 가히 생각할 수도 없고 가히 헤아릴 수도 없고 가히 말할 수도 없는 모든 법계와 허공계에 있는 바 세계의 저 낱낱 세계 가운데 사성제를 설하는 것도 또한 각각 사백억 십천 가지의 이름이 있나니 중생의 마음을 따라서 다 하여금 조복케 하기 위한 것입니다.

동방과 같아서 남서북방과 사유와 상방과 하방도 또한 다시 이와 같습니다.

모든 불자여, 이 사바세계에 위에서 설한 바와 같은 시방세계가 있는 것과 같아서 저 밀훈의 일체 세계에도 또한 각각 이와 같은 시방세계가 있어서 그 낱낱 세계 가운데서 고성제를 설한 것이 백억 만 가지의 이름이 있고 집성제와 멸성제와 도성제를 설한 것도 또한 각각 백억 만 가지의 이름이 있나니 다 중생의 마음에 좋아하는 바를 따라서 그들로 하여금 조복케 하기 위한 것입니다.

광명각품

그때에 세존이 두 족륜 아래로 좇아 백억 광명을 놓아 이 삼천대천세계를 비추시니

　백억 염부제와 백억 불바제와 백억 구야니와 백억 울단월과 백억 대해와 백억 윤위산과 백억 보살이 생을 받은 것과 백억 보살이 출가한 것과 백억 여래가 정각을 이룬 것과 백억 여래가 법륜을 전한 것과 백억 여래가 열반에 들어간 것과 백억 수미산왕과 백억 사천왕중천과 백억 삼십삼천과 백억 야마천과 백억 도솔천과 백억 화락천과 백억 타화자재천과 백억 범중천과 백억 광음천과 백억 변정천과 백억 광과천과 백억 색구경천의 그 가운데 있는 바가 다 밝게 나타났습니다.

이곳에서 부처님 세존이 연꽃으로 갈무리한 사자의 자리에 앉아서 열 부처님의 세계에 작은 티끌 수만치 많은 보살들에게 함께 에워싸인 바를 보는 것과 같아서 그 백억 염부제 가운데 백억 여래도 또한 이와 같이 앉으시니

다 부처님의 신통력인 까닭으로 시방에 각각 한 사람의 큰 보살이 있어서 낱낱이 각각 열 부처님의 세계에 작은 티끌 수만치 많은 모든 보살로 더불어 함께 와서 부처님의 처소에 나아갔습니다.

그 이름을 말하자면 문수사리보살이며 각수보살이며 재수보살이며 보수보살이며 공덕수보살이며 목수보살이며 정진수보살이며 법수보살이며 지수보살이며 현수보살입니다.

이 모든 보살이 좇아온 바 국토는 말하자면 금색세계이며 묘한 색 세계이며 연꽃 색 세계이며 담복꽃 색 세계이며 우발라꽃 색 세계이며 금색세계이며

보배 색 세계이며 금강 색 세계이며 파려 색 세계이며 평등한 색 세계입니다.

　이 모든 보살들이 각각 부처님의 처소에서 범행을 청정하게 닦았으니 말하자면 움직이지 않는 지혜 부처님이며

　걸림 없는 지혜 부처님이며

　해탈한 지혜 부처님이며

　위의 갖춘 지혜 부처님이며

　밝은 모습 지혜 부처님이며

　구경의 지혜 부처님이며

　가장 수승한 지혜 부처님이며

　자재한 지혜 부처님이며

　맑은 지혜 부처님이며

　관찰하는 지혜 부처님입니다.

　그때에 일체 처소에 문수사리보살이 각각 부처님

의 처소에서 동시에 소리를 내어 이런 게송을 설하여
말하기를,

만약 어떤 사람이 정각이
해탈하여 모든 번뇌를 떠나
일체 세간에 집착하지 않는 줄 본다면
저 사람은 바른 도의 눈이 아닙니다.

만약 어떤 사람이 여래가
자체와 모습이 있는 바가 없는 줄 알아서
닦아 익혀 밝게 요달함을 얻는다면
이 사람은 빨리 부처가 될 것입니다.

능히 이 세계를 보고도
그 마음이 동요하지 아니하며
저 부처님 몸을 보고도 또한 그러하다면

마땅히 수승한 지혜의 사람을 성취할 것입니다.

만약 부처님과 그리고 진리에
그 마음이 평등함을 요달하여
두 가지 생각이 앞에 나타나지 않는다면
마땅히 사의하기 어려운 지위를 밟을 것입니다.

만약 부처님과 그리고 몸이
평등하게 안주하여
머무름도 없고 들어가는 바도 없는 줄 본다면
마땅히 만나기 어려운 사람을 성취할 것입니다.

색이다 수受다 하는 법수法數가 없고
상이다 행이다 식이다 하는 법수도 또한 그러하나니
만약 능히 이와 같이 안다면
마땅히 대모니가 될 것입니다.

세간과 그리고 출세간에

일체를 다 초월하여

능히 법을 잘 안다면

마땅히 큰 빛을 성취할 것입니다.

만약 일체 지혜에

회향하는 마음을 일으키고도

마음에 일으킨 바가 없음을 본다면

마땅히 큰 명칭을 얻을 것입니다.

중생은 난 적도 없고

또한 다시 무너진 적도 없나니

만약 이와 같은 지혜를 얻는다면

마땅히 더 이상 없는 도를 얻을 것입니다.

하나 가운데 무량을 알고

무량 가운데 하나를 알되

저것이 서로 생기하는 줄 안다면

마땅히 두려울 바가 없음을 성취할 것입니다.

　그때에 광명이 이 세계를 지나 동방으로 열 부처님의 국토를 두루 비추며 남서 북방과 사유와 상·하도 또한 다시 이와 같이 비추시니 저 낱낱 세계 가운데 다 백억 염부제와 내지 백억 색구경천이 있으되 그 가운데 있는 바가 다 밝게 나타났습니다.

　이곳에서 부처님 세존이 연꽃으로 갈무리한 사자의 자리에 앉아서 열 부처님의 세계에 작은 티끌 수만치 많은 보살들에게 함께 에워싸인 바를 보는 것과 같아서, 저 낱낱 세계 가운데 각각 백억 염부제에 백억 여래도 또한 이와 같이 앉아 계시니, 다 부처님의 신통력인 까닭으로 시방에 각각 한 사람의 큰 보살이 있어서 낱낱이 각각 열 부처님의 세계에

작은 티끌 수만치 많은 모든 보살로 더불어 함께
와서 부처님의 처소에 나아갔습니다.

그 큰 보살은 말하자면 문수사리 등이며,

좇아온 바 국토는 말하자면 금색세계 등이며,

본래 섬긴 바 부처님은 말하자면 움직이지 않는
지혜여래(不動智如來) 등입니다.

그때에 일체 처소에 문수사리보살이 각각 부처님
의 처소에서 동시에 소리를 내어 이런 게송을 설하여
말하기를,

중생이 지혜가 없어서
애욕의 가시에 상하고 해치는 바가 되기에
저 중생을 위하여 보리를 구하시니
모든 부처님의 법이 이와 같습니다.

널리 모든 법을 보되

이변二邊을 다 버리고 떠난다면

도를 이루어 영원히 물러나지 않고

이 비등할 수 없는 법륜을 굴릴 것입니다.

사의할 수 없는 세월(劫)에

정진하여 모든 행을 닦은 것은

모든 중생을 제도하기 위한 것이니

이것은 큰 선인의 힘입니다.

도사가 수많은 마군을 항복 받으시되

용건하여 능히 이길 자가 없고

광명 가운데 묘한 뜻을 연설하시니

자비한 까닭으로 이와 같으십니다.

저 부처님이 지혜의 마음으로써

모든 번뇌장을 깨뜨려

한 생각에 일체를 보시니

이것은 부처님의 신통력입니다.

정법의 북을 쳐서

시방의 국토에 중생을 깨우쳐

다 하여금 보리에 향하게 하시니

자재한 힘으로 능히 그렇게 하신 것입니다.

끝없는 경계를 무너뜨리지 않고

모든 억 세계에 노닐지만

유(有)에 집착하는 바가 없으니

저의 자재한 힘이 부처님과 같습니다.

모든 부처님은 허공과 같아서

구경토록 항상 청정하시니

기억하고 생각하여 환희심을 낸다면
저 부처님이 모든 소원을 구족케 할 것입니다.

낱낱 지옥 가운데
한량없는 세월(劫)을 지내셨지만
중생을 제도하기 위한 까닭으로
능히 이 지옥의 고통을 참으신 것입니다.

몸과 목숨을 아끼지 않고
항상 모든 불법을 보호하지만
나라는 생각이 없어 마음이 고르고 부드러웠기에
능히 여래의 도를 얻은 것입니다.

　그때에 광명이 시방세계를 지나 동방으로 백 부처
님의 세계를 두루 비추며 남서 북방과 사유와 상·하
도 또한 다시 이와 같이 비추시니,

저 모든 세계 가운데 다 백억 염부제와 내지 백억 색구경천이 있으되 그 가운데 있는 바가 다 밝게 나타났습니다.

저 낱낱 염부제 가운데 여래가 연꽃으로 갈무리한 사자의 자리에 앉아서 열 부처님의 세계에 작은 티끌 수만치 많은 보살들에게 함께 에워싸인 바를 다 보니, 다 부처님의 신통력인 까닭으로 시방에 각각 한 사람의 큰 보살이 있어서 낱낱이 각각 열 부처님의 세계에 작은 티끌 수만치 많은 모든 보살로 더불어 함께 와서 부처님의 처소에 나아갔습니다.

그 큰 보살은 말하자면 문수사리 등이며,

좇아온 바 국토는 말하자면 금색세계 등이며,

본래 섬긴 바 부처님은 말하자면 움직이지 않는 지혜여래(不動智如來) 등입니다.

그때에 일체 처소에 문수사리보살이 각각 부처님

의 처소에서 동시에 소리를 내어 이런 게송을 설하여
말하기를,

부처님은 법이 환상과 같은 줄 알아
통달하여 장애가 없으시며
마음은 청정하여 수많은 집착을 떠나
모든 중생을 조복하십니다.

혹 어떤 사람은 처음 태어날 때에
묘한 색신이 마치 황금산과 같아서
이 최후신에 머물러
영원히 인간 가운데 달이 됨을 봅니다.

혹은 경행할 때에
한량없는 공덕을 구족하시고
생각과 지혜가 다 좋고 교묘하여

대장부 사자처럼 걸으심을 봅니다.

혹은 검푸른 눈으로
저 시방을 관찰하시고
어떤 때는 희롱하는 웃음을 나타내시어
중생의 욕망을 따르기 위함을 봅니다.

혹은 사자의 목소리와
수승하여 비교할 데 없는 몸으로
최후생最後生을 시현하시어
설하신 바가 진실하지 아니함이 없음을 봅니다.

혹 어떤 때는 출가하여
일체 속박을 해탈하시고
모든 부처님의 행을 닦아 다스리되
항상 즐겁게 적멸을 관찰하심을 봅니다.

혹은 도량에 앉아

일체법을 깨달아 아시고

공덕의 피안에 이르러

어리석은 어둠의 번뇌가 다함을 봅니다.

혹은 수승한 대장부가

대비심을 구족하여

묘한 법륜을 전하시어

한량없는 중생을 제도하심을 봅니다.

혹은 사자의 소리와

위신력의 광명이 가장 수승하고 특이하여

일체 세간을 뛰어났으니

신통력이 같을 이가 없음을 봅니다.

혹은 마음이 적정한 것이

마치 세간의 등불이 영원히 사라진 것과 같지만

가지가지 신통을 나타내시니

십력이 능히 이와 같음을 봅니다.

그때에 광명이 백 세계를 지나 동방으로 천 세계를 두루 비추며 남서 북방과 사유와 상·하도 또한 다시 이와 같이 비추시니,

저 낱낱 세계 가운데 다 백억 염부제와 내지 백억 색구경천이 있으되 그 가운데 있는 바가 다 밝게 나타났습니다.

저 낱낱 염부제 가운데 여래가 연꽃으로 갈무리한 사자의 자리에 앉아서 열 부처님의 세계에 작은 티끌 수만치 많은 보살에게 함께 에워싸인 바를 다 보니, 다 부처님의 신통력인 까닭으로, 시방에 각각 한 사람의 큰 보살이 있어서 낱낱이 각각 열 부처님의 세계에 작은 티끌 수만치 많은 모든 보살로

더불어 함께 와서 부처님의 처소에 나아갔습니다.

그 큰 보살은 말하자면 문수사리 등이며,

좇아온 바 국토는 말하자면 금색세계 등이며,

본래 섬긴 바 부처님은 말하자면 움직이지 않는 지혜여래 등입니다.

그때에 일체 처소에 문수사리보살이 각각 부처님의 처소에서 동시에 소리를 내어 이런 게송을 설하여 말하기를,

부처님은 깊고도 깊은 법에
통달하여 더불어 같은 사람이 없는 것을
중생이 능히 알지 못하기에
차례로 그들을 위하여 열어 보이셨습니다.

나의 본성은 일찍이 있은 적이 없으며

나의 처소도 또한 공적하거니

어떻게 모든 여래가

그 몸이 있음을 얻겠습니까.

해탈자 밝은 행자가

수도 없고 비등할 수도 짝할 수도 없나니

세간에 모든 인因과 모든 양量으로

부처님의 허물을 구하여도 가히 얻을 수 없습니다.

부처님은 세간의 오온과

십팔계와 십이처와 생사의 법이 아니니

수數의 법으로 능히 이루어지는 것이 아니기에

그런 까닭으로 사람 가운데 사자와 같은 분이라 이름

합니다.

그 자성은 본래 공적하여

안과 밖으로 함께 해탈하여

일체 망념을 떠났으니

비등할 수 없는 이의 법이 이와 같습니다.

체성은 항상 움직이지 않고

나도 없고 오고감도 없지만

능히 세간을 깨달아

끝없는 사람을 다 조복하십니다.

항상 즐겁게 적멸이

한 모습이고 두 모습이 없는 줄 관찰하여

그 마음이 더하고 덜함이 없지만

한량없는 신통력을 나타내십니다.

모든 중생의

업보와 인연의 행을 짓지 않았지만

그러나 능히 걸림 없이 아시니
선서의 법이 이와 같습니다.

가지가지 모든 중생이
시방에 유전하거늘
여래가 분별하지 않고
끝없는 그 부류들을 제도하여 해탈케 하십니다.

모든 부처님의 참다운 황금색신은
있는 것이 아니지만 삼유三有에 두루하여
중생들의 마음에 좋아함을 따라서
적멸의 법을 설하십니다.

　그때에 광명이 천 세계를 지나 동방으로 십천
세계를 두루 비추며 남서 북방과 사유와 상·하도
또한 다시 이와 같이 비추시니,

저 낱낱세계 가운데 다 백억 염부제와 내지 백억 색구경천이 있으되 그 가운데 있는 바가 다 밝게 나타났습니다.

저 낱낱 염부제 가운데 여래가 연꽃으로 갈무리한 사자의 자리에 앉아서 열 부처님의 세계에 작은 티끌 수만치 많은 보살에게 함께 에워싸인 바를 다 보니, 다 부처님의 신통력인 까닭으로 시방에 각각 한 사람의 큰 보살이 있어서 낱낱이 각각 열 부처님의 세계에 작은 티끌 수만치 많은 보살로 더불어 함께 와서 부처님의 처소에 나아갔습니다.

그 큰 보살은 말하자면 문수사리 등이며,

좇아온 바 국토는 말하자면 금색세계 등이며,

본래 섬긴 바 부처님은 말하자면 움직이지 않는 지혜여래 등입니다.

그때에 일체 처소에 문수사리보살이 각각 부처님

의 처소에서 동시에 소리를 내어 이런 게송을 설하여
말하기를,

대비의 마음을 일으켜
모든 중생을 구호하여
영원히 인간과 천상의 대중에서 벗어나게 하시니
이와 같은 업을 응당 지을 것입니다.

생각에 항상 부처님을 믿고 좋아하여
그 마음이 물러나지 아니하여
모든 여래를 친근하시니
이와 같은 업을 응당 지을 것입니다.

생각에 부처님의 공덕을 좋아하여
그 마음이 영원히 물러나지 아니하여
청량한 지혜에 머무시니

이와 같은 업을 응당 지을 것입니다.

일체 위의 가운데
항상 부처님의 공덕을 생각하되
낮과 밤으로 잠시도 끊어짐이 없게 하시니
이와 같은 업을 응당 지을 것입니다.

끝없는 삼세를 관찰하여
저 부처님의 공덕을 배우되
항상 싫어하거나 게으른 마음이 없으시니
이와 같은 업을 응당 지을 것입니다.

몸의 여실한 모습을 관찰하여
일체가 다 적멸하여
유아有我와 무아無我의 집착을 떠났으니
이와 같은 업을 응당 지을 것입니다.

중생의 마음을 똑같이 관찰하지만
모든 분별을 일으키지 않고
진실한 경계에 들어가시니
이와 같은 업을 응당 지을 것입니다.

끝없는 세계를 다 들고
널리 일체 바닷물을 마시는 것은
이것은 신통과 지혜의 힘이시니
이와 같은 업을 응당 지을 것입니다.

모든 국토를 사유하여
색상과 더불어 색상이 아닌
일체를 다 능히 아시니
이와 같은 업을 응당 지을 것입니다.

시방 국토의 티끌에

한 티끌로 한 부처님을 삼아도
다 능히 그 수를 아시니
이와 같은 업을 응당 지을 것입니다.

   그때에 광명이 십천 세계를 지나 동방으로 백천 세계를 두루 비추며 남서 북방과 사유와 상하도 또한 다시 이와 같이 비추시니,

   저 낱낱 세계 가운데 다 백억 염부제와 내지 백억 색구경천이 있으되 그 가운데 있는 바가 다 밝게 나타났습니다.

   저 낱낱 염부제 가운데 여래가 연꽃으로 갈무리한 사자의 자리에 앉아서 열 부처님의 세계에 작은 티끌 수만치 많은 보살에게 함께 에워싸인 바를 다 보니, 다 부처님의 신통력인 까닭으로 시방에 각각 한 사람의 큰 보살이 있어서 낱낱이 각각 열 부처님의 세계에 작은 티끌 수만치 많은 모든 보살로

더불어 함께 와서 부처님의 처소에 나아갔습니다.

그 큰 보살은 말하자면 문수사리 등이며,

좇아온 바 국토는 말하자면 금색세계 등이며,

본래 섬긴 바 부처님은 말하자면 움직이지 않는 지혜여래 등입니다.

그때에 일체 처소에 문수사리보살이 각각 부처님의 처소에서 동시에 소리를 내어 이런 게송을 설하여 말하기를,

만약 위덕과 색상과 종족으로써
사람 가운데 조어사를 보고자 한다면
이것은 병든 눈으로 거꾸로 보는 것이 되나니
저 사람은 능히 최상의 수승한 법을 알 수 없을 것입니다.

여래의 색과 형과 삼십이상 등을
일체 세간의 중생들은 능히 측량할 수 없나니
억 나유타 세월(劫)에 함께 사량하여도
색과 형과 삼십이상의 위덕은 전전히 끝이 없습니다.

여래는 모든 상으로 자체를 삼는 것이 아니라
다만 무상한 적멸의 법으로 자체를 삼거니와
신상의 위의를 다 구족하고 계시니
세간의 중생들이 좋아함을 따라 다 봄을 얻습니다.

불법은 미묘하여 가히 헤아리기 어려우며
일체 언설로 능히 미칠 수 없나니
이는 화합하는 것도 아니고 화합하지 않는 것도 아
니며
자체성이 적멸하여 모든 상이 없는 것입니다.

부처님의 몸은 난 적도 없고 희론도 뛰어나

이 오온의 차별한 법이 아니기에

자재한 힘을 얻어야 결정코 보나니

행하는 바가 두려움이 없어 언어의 길을 떠났습니다.

몸과 마음이 다 평등하여

안과 밖을 다 해탈하시고

영원한 세월토록 바른 생각에 머물러

집착함도 없고 매인 바도 없습니다.

뜻이 청정하고 빛이 밝은 이는

행하는 바가 물들거나 집착이 없으시고

지혜의 눈은 두루하지 아니함이 없어서

광대하게 중생을 이익케 하십니다.

한 몸을 한량없는 몸으로 하고

한량없는 몸을 다시 한 몸으로 하시며

모든 세간을 알아

형상을 나타내어 일체 처소에 두루하십니다.

이 몸은 좇아 온 바도 없고

또한 쌓아 모은 바도 없지만

중생이 분별한 까닭으로

부처님의 가지가지 몸을 봅니다.

마음이 세간을 분별하지만

이 마음은 있는 바가 없는 것을

여래만이 이 법을 아시나니

이와 같이 부처님의 몸을 볼 것입니다.

그때에 광명이 백천 세계를 지나 동방으로 백만
세계를 두루 비추며 남서 북방과 사유와 상하도

또한 다시 이와 같이 비추시니,

저 낱낱 세계 가운데 다 백억 염부제와 내지 백억 색구경천이 있으되 그 가운데 있는 바가 다 밝게 나타났습니다.

저 낱낱 염부제 가운데 여래가 연꽃으로 갈무리한 사자의 자리에 앉아서 열 부처님의 세계에 작은 티끌 수만치 많은 보살에게 함께 에워싸인 바를 다 보니, 다 부처님의 신통력인 까닭으로 시방에 각각 한 사람의 큰 보살이 있어서 낱낱이 각각 열 부처님의 세계에 작을 티끌 수만치 많은 보살로 더불어 함께 와서 부처님의 처소에 나아갔습니다.

그 큰 보살은 말하자면 문수사리 등이며,

좇아온 바 국토는 말하자면 금색세계 등이며,

본래 섬긴 바 부처님은 말하자면 움직이지 않는 지혜여래 등입니다.

그때에 일체 처소에 문수사리보살이 각각 부처님
의 처소에서 동시에 소리를 내어 이런 게송을 설하여
말하기를,

여래는 가장 자재하시며
세간을 뛰어나 의지하는 바가 없으시며
일체 공덕을 구족하시어
제유諸有에 중생을 제도하여 해탈케 하십니다.

물듦도 없고 집착하는 바도 없으시며
생각함도 없고 의지함도 없으시며
그 자체성을 가히 헤아릴 수도 없으시니
보는 사람이 다 칭찬합니다.

광명이 두루 청정하시며
육진의 얽어 매임을 다 제거하여 없애시며

움직이지 않고 이변二邊을 떠나시니
이것은 여래의 지혜입니다.

만약 어떤 사람이 여래를 보고
몸과 마음에 분별을 떠난다면
곧 저 일체법에
영원히 모든 의심의 막힘에서 벗어날 것입니다.

일체 세간 가운데
곳곳에 법륜을 전하시지만
자체성도 없고 전하는 바도 없는 것은
도사가 방편으로 설하신 것입니다.

법에 의혹이 없으며
영원히 모든 희론을 끊어
분별하는 마음을 내지 않는다면

이것을 부처님의 보리를 생각하는 것이라 할 것입
니다.

차별한 법을 알며
언설에 집착하지 아니하며
일一과 더불어 다多에 대한 생각이 없다면
이것을 부처님의 가르침을 따른다 이름할 것입니다.

다多 가운데는 일一의 자성이 없고
일 가운데도 다多의 자성이 없어서
이와 같이 두 가지를 함께 버린다면
부처님의 공덕에 널리 들어갈 것입니다.

중생과 그리고 국토의
일체가 다 적멸하여
의지하는 바도 없고 분별하는 바도 없다면

능히 부처님의 보리에 들어갈 것입니다.

중생과 그리고 국토에
일一과 이異를 가히 얻을 수 없나니
이와 같이 잘 관찰한다면
이름을 불법의 뜻을 알았다 할 것입니다.

　그때에 광명이 백만 세계를 지나 동방으로 일억
세계를 두루 비추며 남서 북방과 사유와 상하도
또한 다시 이와 같이 비추시니,
　저 낱낱 세계 가운데 다 백억 염부제와 내지 백억
색구경천이 있으되 그 가운데 있는 바가 다 밝게
나타났습니다.
　저 낱낱 염부제 가운데 각각 여래가 연꽃으로
갈무리한 사자의 자리에 앉아서 열 부처님의 세계
에 작은 티끌 수만치 많은 보살에게 함께 에워싸인

바를 다 보니, 다 부처님의 신통력인 까닭으로 시방에 각각 한 사람의 큰 보살이 있어서 낱낱이 각각 열 부처님의 세계에 작은 티끌 수만치 많은 모든 보살로 더불어 함께 와서 부처님 처소에 나아갔습니다.

그 큰 보살은 말하자면 문수사리 등이며,

좇아온 바 국토는 말하자면 금색세계 등이며,

본래 섬긴 바 부처님은 말하자면 움직이지 않는 지혜여래 등입니다.

그때에 일체 처소에 문수사리보살이 각각 부처님의 처소에서 동시에 소리를 내어 이런 게송을 설하여 말하기를,

지혜가 비등할 데 없고 법이 끝이 없으시며
삼유의 바다를 뛰어나 피안에 이르시며

수명의 양과 광명이 다 비교할 데 없으시니
이것은 공덕을 갖춘 사람 방편의 힘입니다.

있는 바 불법을 다 분명하게 아시며
항상 삼세를 관찰하지만 싫어하거나 게으름이 없으
시며
비록 경계를 반연하지만 분별하지 않으시니
이것은 사의하기 어려운 사람 방편의 힘입니다.

즐겁게 중생을 관찰하지만 중생이라는 생각이 없으
시며
널리 육취(諸趣)를 보지만 육취라는 생각이 없으시며
항상 선의 적정에 머물지만 마음에 매이지 않으시니
이것은 걸림 없는 지혜로운 사람 방편의 힘입니다.

선교로 일체법을 통달하시며

바른 생각으로 열반의 도를 부지런히 닦아
해탈을 좋아하여 불평등을 떠나시니
이것은 적멸한 사람 방편의 힘입니다.

능력이 있어 부처님의 보리에 향하기를 권하시며
법계의 일체 지혜에 나아가 들어가시며
중생을 잘 교화하여 진리에 들어가게 하시니
이것은 부처님의 마음에 머문 사람 방편의 힘입니다.

부처님께서 설하신 바 법에 다 따라 들어가시며
광대한 지혜가 걸리는 바가 없으시며
일체 처소에 행하여 다 이미 이르시니
이것은 자재로 수행한 사람 방편의 힘입니다.

항상 열반에 머물러 허공과 같으시며
마음을 따라 화현하여 두루하지 아니함이 없으시니

이것은 무상을 의지하여 유상을 삼으신 것이니

이르기 어려움에 이른 사람 방편의 힘입니다.

낮과 밤과 하루와 한 달과 그리고 한 해와 한 세월과

세계가 시종으로 이루어지고 무너지는 모습을

이와 같이 기억하고 생각하여 다 요달하여 아시니

이것은 시간의 수(時數)를 아는 지혜로운 사람 방편의

힘입니다.

일체중생의 생멸이 있는 것과

색과 더불어 비색과 상과 비상의

있는 바 명자를 다 요달하여 아시니

이것은 사의하기 어려움에 머문 사람 방편의 힘입

니다.

과거·현재·미래 세상에

있는 바 언설을 다 능히 알되

삼세가 다 평등한 줄 아시니

이것은 비교할 데 없이 아는 사람 방편의 힘입니다.

그때에 광명이 일억 세계를 지나 동방으로 십억 세계를 두루 비추며 남서 북방과 사유와 상하도 또한 다시 이와 같이 비추시니,

저 낱낱 세계 가운데 다 백억 염부제와 내지 백억 색구경천이 있으되 그 가운데 있는 바가 다 밝게 나타났습니다.

저 낱낱 염부제 가운데 여래가 연꽃으로 갈무리한 사자의 자리에 앉아서 열 부처님의 세계에 작은 티끌 수만치 많은 보살에게 함께 에워싸인 바를 다 보니, 다 부처님의 신통력인 까닭으로 시방에 각각 한 사람의 큰 보살이 있어서 낱낱이 각각 열 부처님의 세계에 작은 티끌 수만치 많은 모든 보살로

더불어 함께 와서 부처님의 처소에 나아갔습니다.

그 큰 보살은 말하자면 문수사리 등이며,

좇아온 바 국토는 말하자면 금색세계 등이며,

본래 섬긴 바 부처님은 말하자면 움직이지 않는 지혜여래 등입니다.

그때에 일체 처소에 문수사리보살이 각각 부처님의 처소에서 동시에 소리를 내어 이런 게송을 설하여 말하기를,

광대한 고행을 다 닦아 익히시고
밤낮으로 정진을 부지런히 하되 싫어하거나 게으름이 없이 하여
이미 제도하기 어려운 이를 제도한 사자후로
널리 중생을 교화하시려는 것이 이것이 그분의 행입니다.

중생이 애욕의 바다에 유전하고
무명의 그물에 덮이어 큰 근심이 닥치거늘
지극히 어진 이가 용맹하게 다 끊어 제멸하시니
서원코 또한 마땅히 그렇게 하시려는 것이 이것이
그분의 행입니다.

세간의 중생이 방일하고 오욕에 집착하여
실답지 않게 분별하여 수많은 고통을 받나니
부처님의 가르침을 받들어 행하여 항상 마음을 섭수
하여
서원코 그들을 제도하시려는 것이 이것이 그분의
행입니다.

중생이 나(我)에 집착하여 생사에 들어가
그 끝을 구하여도 가히 얻을 수 없나니
널리 여래를 섬겨 묘한 법을 얻어

저 중생을 위하여 선설하시려는 것이 이것이 그분의
행입니다.

중생이 믿음이 없어서 미혹의 병에 얽힌 바로
항상 악취에 빠져 삼독을 일으키기에
큰 불의 맹렬한 불꽃이 항상 타오르나니
마음을 깨끗이 하여 저들을 제도하시려는 것이 이것
이 그분의 행입니다.

중생이 미혹하여 바른 길을 잃고
항상 삿된 길을 걸어 어두운 집에 들어가나니
저 중생을 위하여 정법의 등불을 크게 켜서
영원히 비추어 밝게 하시려는 것이 이것이 그분의
행입니다.

중생이 삼유의 바다에 빠져

근심과 고난이 끝이 없어 가히 거처할 수 없나니
저 중생을 위하여 큰 진리의 배를 만들어
다 하여금 제도를 얻게 하시려는 것이 이것이 그분의
행입니다.

중생이 무지하여 근본을 보지 못하여
미혹하고 어리석어 험난한 길 가운데 미친 듯 달아나
거늘
부처님이 저 중생을 어여삐 여겨 진리의 다리를 건립
하여
바른 생각으로 하여금 오르게 하시려는 것이 이것이
그분의 행입니다.

모든 중생이 험난한 길에 있으면서
늙고 병들고 죽음의 고통에 핍박당함을 보시고
모든 방편 닦기를 한량없이 하여

서원코 마땅히 다 제도하시려는 것이 이것이 그분의 행입니다.

법을 듣고 믿고 이해하여 의혹이 없으며
자성이 공적한 줄 알아 놀라 두려워하지 않고
형상이 육도를 따라 시방에 두루하여
널리 중생을 교화하시려는 것이 이것이 그분의 행입니다.

그때에 광명이 십억 세계를 지나 동방으로 백억 세계와 천억 세계와 백천억 세계와 나유타억 세계와 백나유타억 세계와 천나유타억 세계와 백천나유타억 세계와 이와 같이 수도 없고 양도 없고 끝도 없고 비등할 수도 없고 가히 계산할 수도 없고 가히 부를 수도 없고 가히 생각할 수도 없고 가히 헤아릴 수도 없고 가히 말할 수도 없는 온 법계와 허공계에

있는 바 세계를 두루 비추며 남서 북방과 사유와 상하도 또한 다시 이와 같이 비추시니,

저 낱낱 세계 가운데 다 백억 염부제와 내지 백억 색구경천이 있으되 그 가운데 있는 바가 다 밝게 나타났습니다.

저 낱낱 염부제 가운데 여래가 연꽃으로 갈무리한 사자의 자리에 앉아서 열 부처님의 세계에 작은 티끌 수만치 많은 보살에게 함께 에워싸인 바를 다 보니, 다 부처님의 신통력인 까닭으로 시방에 각각 한 사람의 큰 보살이 있어서 낱낱이 각각 열 부처님의 세계에 작은 티끌 수만치 많은 모든 보살로 더불어 함께 와서 부처님의 처소에 나아갔습니다.

그 큰 보살은 말하자면 문수사리 등이며,

좇아온 바 국토는 말하자면 금색세계 등이며,

본래 섬긴 바 부처님은 말하자면 움직이지 않는 지혜여래 등입니다.

그때에 일체 처소에 문수사리보살이 각각 부처님
의 처소에서 동시에 소리를 내어 이런 게송을 설하여
말하기를,

한 생각에 널리 한량없는 세월(劫)을 보니
간 적도 없고 온 적도 없고 또한 머문 적도 없거늘
이와 같이 삼세의 일을 요달하여 아시고
모든 방편을 뛰어넘어 열 가지 힘을 이루셨습니다.

시방에 비교할 수 없는 좋은 이름 소문난 이가
영원히 모든 고난을 떠나 항상 기뻐하시며
널리 일체 국토 가운데 나아가
널리 중생을 위하여 이와 같은 법을 선양하십니다.

중생을 이익케 하기 위하여 부처님께 공양하여
그와 같이 뜻대로 비슷한 과보를 얻었으며

일체법을 다 수순하여 알아
두루 시방 가운데 신통력을 나타내십니다.

처음 부처님께 공양함으로 좇아 뜻이 부드럽고 인욕
하시며
깊은 선정에 들어가 법성을 관찰하시고
널리 중생에게 권하여 도심을 일으키게 하였기에
이로써 위없는 불과佛果를 속히 이루셨습니다.

시방에서 법을 구하되 마음이 다름이 없으며
중생을 위하여 공덕을 닦되 하여금 만족케 하며
있고 없는 두 가지 모습을 다 소멸하여 제거하면
이 사람은 부처님을 진실로 볼 것입니다.

널리 시방의 모든 국토에 가서
널리 미묘한 법문을 설하여 의리를 일으킬지라도

실제에 머물러서 동요하지 아니하면
이 사람은 공덕이 부처님과 같을 것입니다.

여래가 전하신 바 묘한 법륜의
일체가 다 보리의 분分이니
만약 능히 들은 이후에 법성을 깨달으면
이와 같은 사람은 항상 부처님을 볼 것입니다.

십력이 공하여 환상과 같은 줄 보지 못하면
비록 보지만 보지 못하는 것이 마치 맹인이 보는
것과 같아서
분별로 모습(相)만을 취하면 부처님을 보지 못할 것
이니
필경에 집착을 떠나야 이에 능히 부처님을 볼 것입
니다.

중생이 업을 따라 가지가지 다름을
시방의 안과 밖에서 다 보기 어려운 것과 같아서
부처님의 몸이 걸림이 없어서 시방에 두루함을
가히 다 보지 못하는 것도 또한 이와 같습니다.

비유하자면 허공 가운데 한량없는 국토가
온 적도 없고 간 적도 없지만 시방에 두루하여
생성되고 괴멸되지만 의지하는 바가 없는 것과 같
아서
부처님이 허공에 두루하는 것도 또한 이와 같습니다.

보살문명품

그때에 문수사리보살이 각수보살에게 물어 말하기를

불자여, 심성은 하나이거니 어떻게 가지가지 차별이 있음을 봅니까.

말하자면 선한 곳에도 악한 곳에도 가며

제근이 원만하기도 모자라기도 하며

받아나는 것이 같기도 다르기도 하며

단정하기도 누추하기도 하며

괴롭기도 즐겁기도 한 것이 같지 아니하며

업은 마음을 알지 못하고 마음은 업을 알지 못하며

받는 것은 과보를 알지 못하고 과보는 받는 것을 알지 못하며

마음은 느낌(受)을 알지 못하고 느낌은 마음을
알지 못하며
원인은 조연을 알지 못하고 조연은 원인을 알지
못하며
지혜는 경계를 알지 못하고 경계는 지혜를 알지
못합니다.
그때에 각수보살이 게송으로써 답하여 말하기를,

인자께서 지금에 이 뜻을 물은 것은
중생의 미몽을 깨닫게 하기 위한 것입니다.
저가 그 심성과 같이 답할 것이니
오직 인자께서는 응당 자세히 들어야 합니다.

모든 법은 작용이 없으며
또한 체성도 없기에
이런 까닭으로 저 일체는

각각 서로가 알지 못하는 것입니다.

비유하자면 강 가운데 물이
급류가 되어 다투어 분주하게 흘러가지만
각각 서로가 알지 못하는 것과 같아서
모든 법도 또한 이와 같습니다.

또한 큰 불 뭉치가
맹렬한 불꽃을 동시에 일으키지만
각각 서로가 알지 못하는 것과 같아서
모든 법도 또한 이와 같습니다.

또 긴 시간 바람이 일어나
사물을 만남에 다 흔들지만
각각 서로가 알지 못하는 것과 같아서
모든 법도 또한 이와 같습니다.

또 수많은 땅의 세계가

전전히 의지함을 인하여 머물지만

각각 서로가 알지 못하는 것과 같아서

모든 법도 또한 이와 같습니다.

눈과 귀와 코와 혀와 몸과

마음과 뜻과 모든 정情의 근根이

이것으로써 항상 유전하지만

능히 유전하는 자가 없습니다.

법성은 본래 생겨난 적이 없지만

시현으로 생겨남이 있을 뿐이니

이 가운데는 능히 나타낼 자도 없고

또한 나타낼 바 사물도 없습니다.

눈과 귀와 코와 혀와 몸과

마음과 뜻과 모든 정의 근根이
일체가 공하여 자성이 없지만
허망한 마음으로 분별하여 있습니다.

이치와 같이 관찰한다면
일체가 다 자성이 없을 것입니다.
법안은 사의할 수 없나니
법안으로 보는 것은 전도된 소견이 아닙니다.

혹 진실하다 하고 혹 진실하지 않다 하는 것과
혹 허망하다 하고 혹 허망하지 않다 하는 것과
세간이라 하고 출세간이라 하는 것이
다만 거짓된 언설만 있을 뿐입니다.

그때에 문수사리보살이 재수보살에게 물어 말하기를

불자여, 일체중생이 중생이 아니라면 어떻게 여래가 그들의 때를 따르며 그들의 명을 따르며 그들의 몸을 따르며 그들의 행을 따르며 그들의 지해(解)를 따르며 그들의 언론을 따르며 그들의 마음에 즐거워함을 따르며 그들의 방편을 따르며 그들의 사유를 따르며 그들의 관찰을 따라서 이와 같이 모든 중생 가운데 그들의 몸을 나타내어 교화하고 조복합니까.

그때에 재수보살이 게송으로써 답하여 말하기를,

이것은 적멸을 좋아하는
다문 사람의 경계이니
내가 인자(仁者)를 위하여 선설하리니
인자께서는 지금 응당히 듣고 받아 지닐 것입니다.

내신(內身)을 분별하여 관찰하기를
이 가운데 누가 이 나인고 할 것이니

만약 능히 이와 같이 안다면
저가 내가 있고 없음을 요달하게 될 것입니다.

이 몸은 거짓으로 안립되어
머무는 곳이 방소가 없나니
자세하게 이 몸을 요달하는 사람은
이 가운데 집착하는 바가 없을 것입니다.

몸을 잘 관찰하여
일체를 다 분명하게 보면
일체법이 다 허망한 줄 알고
마음에 분별을 일으키지 아니할 것입니다.

수명은 무엇을 인하여 생기하며
다시 무엇을 인하여 사라지는가요.
비유하자면 도는 불 바퀴가

처음과 뒤를 가히 알 수 없는 것과 같습니다.

지혜로운 사람은 능히
일체유有가 무상하고
모든 법이 공하여 아我가 없는 줄 관찰하여
영원히 일체의 모습을 떠납니다.

수많은 과보가 업을 따라 생겨나는 것이
마치 꿈과 같아 진실하지 아니하여
생각 생각에 항상 사라져 무너지나니
앞과 같이 뒤에도 또한 그러합니다.

세간에서 보는 바 법은
다만 마음으로써 주인을 삼거늘
지해를 따라 수많은 모습을 취하기에
전도되어 여실하지 못합니다.

세간에서 말하는 바 논리는

일체가 이 분별이니

일찍이 한 법도

법성에 들어감을 얻은 적이 있지 않았습니다.

능연과 소연의 힘으로

가지가지 법이 출생하기에

속히 사라지고 잠깐도 머물지 않나니

생각 생각에 다 이와 같습니다.

그때에 문수사리보살이 보수보살에게 물어 말하기를

불자야, 일체중생이 똑같이 사대四大가 있지만 아我도 없고 아소我所도 없거니 어떻게 괴로움을 받고 즐거움을 받으며 단정하고 누추하며 안으로 좋아하고 밖으로 좋아하며 적게 받고 많이 받으며 혹 현세의 과보를 받으며 혹 후세의 과보를 받음이 있습니까.

　　그러나 법계 가운데는 선한 것도 없고 악한 것도 없습니다.

　　그때에 보수보살이 게송으로써 답하여 말하기를,

그들이 행한 바 업을 따라서
이와 같은 과보를 생기하지만
짓는 자가 있는 바가 없나니
모든 부처님께서 설하신 바입니다.

비유하자면 맑고 밝은 거울이
그 상대하는 바 본질을 따라서
형상을 나타내는 것이 각각 같지 않는 것과 같아서
업의 자성도 또한 이와 같습니다.

또 마치 밭과 종자가

각각 서로 알지 못하지만

자연히 능히 싹을 돋아나게 하는 것과 같아서

업의 자성도 또한 이와 같습니다.

또 마치 교묘한 환술사가

저 네 갈래 길에 있으면서

수많은 색상을 시현하는 것과 같아서

업의 자성도 또한 이와 같습니다.

마치 어떤 장치(機關)로 만든 나무 사람이

능히 가지가지 소리를 내지만

저기에는 아我도 없고 아我가 아님도 없는 것과 같아서

업의 자성도 또한 이와 같습니다.

또 마치 수많은 새들의 무리가

알을 좇아 나옴을 얻었지만

음성이 각각 같지 않는 것과 같아서
업의 자성도 또한 이와 같습니다.

비유하자면 마치 태장胎藏 가운데서
제근諸根을 다 성취하지만
그 자체와 모습은 온 곳이 없는 것과 같아서
업의 자성도 또한 이와 같습니다.

또 마치 지옥에 있는
가지가지 모든 고통의 일이
저것이 다 좇아온 바가 없는 것과 같아서
업의 자성도 또한 이와 같습니다.

비유하자면 마치 전륜성왕이
수승한 칠보를 성취하지만
온 곳을 가히 얻을 수 없는 것과 같아서

업의 자성도 또한 이와 같습니다.

또 마치 모든 세계가

큰 불로 타는 바가 되지만

이 불은 온 곳이 없는 것과 같아서

업의 자성도 또한 이와 같습니다.

　그때에 문수사리보살이 덕수보살에게 물어 말하기를

　불자야, 여래가 깨달으신 바는 오직 이 한 법이거니 어떻게 이에 한량없는 모든 법을 설하시며

　한량없는 국토를 나타내시며

　한량없는 중생을 교화하시며

　한량없는 법음을 연설하시며

　한량없는 몸을 시현하시며

　한량없는 마음을 아시며

한량없는 신통을 나타내시며

널리 능히 한량없는 세계를 진동하시며

한량없는 수승한 장엄을 시현하시며

끝없는 가지가지 경계를 현시하십니까.

그러나 법의 자성 가운데는 이런 차별의 모습을

다 가히 얻을 수 없습니다.

그때에 덕수보살이 게송으로써 답하여 말하기를,

불자께서 물은 바 뜻은

깊고도 깊어 가히 알기 어렵지만

지혜로운 사람은 능히 이것을 알아야

항상 부처님의 공덕을 좋아할 것입니다.

비유하자면 마치 땅의 자성 하나에

중생이 각각 따로 머물지만

땅은 하나라는 생각도 다르다는 생각도 없는 것과

같아서

모든 부처님의 법도 이와 같습니다.

또 마치 불의 자성 하나가

능히 일체 사물을 태우지만

불꽃은 분별이 없는 것과 같아서

모든 부처님의 법도 이와 같습니다.

또 마치 큰 바다 하나에

파도가 천만 가지 다르지만

물은 가지가지 다름이 없는 것과 같아서

모든 부처님의 법도 이와 같습니다.

또 마치 바람의 자성 하나가

능히 일체 사물을 불어 날리지만

바람은 하나라는 생각도 다르다는 생각도 없는 것과

같아서
모든 부처님의 법도 이와 같습니다.

또 마치 큰 구름과 우뢰가
널리 일체 땅에 비를 내리지만
빗방울은 차별이 없는 것과 같아서
모든 부처님의 법도 이와 같습니다.

또 마치 땅의 세계 하나가
능히 가지가지 싹을 내지만
땅은 다름이 있지 않는 것과 같아서
모든 부처님의 법도 이와 같습니다.

마치 태양이 구름의 가림이 없음에
널리 시방을 비추지만
광명은 다른 자성이 없는 것과 같아서

모든 부처님의 법도 이와 같습니다.

또 마치 허공 가운데 달을
세간의 사람들이 보지 아니함이 없지만
달은 그들의 처소에 간 적이 없는 것과 같아서
모든 부처님의 법도 이와 같습니다.

비유하자면 마치 대범천왕이
응하여 나타나 삼천대천세계에 가득하지만
그 몸은 다름이 없는 것과 같아서
모든 부처님의 법도 이와 같습니다.

　그때에 문수사리보살이 목수보살에게 물어 말하기를
　불자여, 여래의 복밭은 똑같이 하나로 다름이 없거니 어떻게 중생이 보시함에 과보가 같지 아니함을 봅니까.

　말하자면 가지가지 색신과 가지가지 형상과 가지가지 집과 가지가지 근성과 가지가지 재물과 가지가지 주인과 가지가지 권속과 가지가지 벼슬의 지위와 가지가지 공덕과 가지가지 지혜이니 그러나 부처님은 저 십종사에 그 마음이 평등하여 다른 생각이 없습니다.

　그때에 목수보살이 게송으로써 답하여 말하기를,

비유하자면 마치 대지의 하나가
종자를 따라 각각 싹을 내지만
저 땅은 원수도 친한 이도 없는 것과 같아서
부처님의 복밭도 또한 그러합니다.

또 마치 물의 한맛이
그릇을 인하여 차별이 있는 것과 같아서

부처님의 복밭도 또한 그러하여
중생의 마음을 인한 까닭으로 다릅니다.

또 마치 교묘한 환술사가
능히 대중으로 하여금 환희케 하는 것과 같아서
부처님의 복밭도 이와 같아서
중생으로 하여금 공경케 하고 기쁘게 합니다.

마치 재주와 지혜가 있는 왕이
능히 대중으로 하여금 환희케 하는 것과 같아서
부처님의 복밭도 이와 같아서
중생으로 하여금 다 안락케 합니다.

비유하자면 마치 맑고 밝은 거울이
색상을 따라 형상을 나타내는 것과 같아서
부처님의 복밭도 이와 같아서

마음을 따라 수많은 과보를 얻게 합니다.

마치 아계타약이
능히 일체 독병을 치료하는 것과 같아서
부처님의 복밭도 이와 같아서
모든 번뇌의 병을 소멸합니다.

또 마치 태양이 솟아날 때에
세간을 비추는 것과 같아서
부처님의 복밭도 이와 같아서
모든 어둠을 소멸하여 제거합니다.

또 마치 맑은 보름달이
널리 대지를 비추는 것과 같아서
부처님의 복밭도 또한 그러하여
일체 처소를 평등하게 비춥니다.

비유하자면 마치 빠르고 용맹한 바람이

널리 대지를 진동케 하는 것과 같아서

부처님의 복밭도 이와 같아서

삼계(三有)의 중생을 진동케 합니다.

비유하자면 마치 큰불이 나

능히 일체 사물을 태우는 것과 같아서

부처님의 복밭도 이와 같아서

일체 유위의 법을 태웁니다.

그때에 문수사리보살이 근수보살에게 물어 말하기를

불자여, 불교는 이 하나거니 중생이 불교를 봄에 어떻게 곧 일체 모든 번뇌의 결박을 다 끊어 벗어남을 얻지 못합니까.

그러나 그 색온과 수온과 상온과 행온과 식온과

욕계와 색계와 무색계와 무명과 탐욕과 애욕은 차별
이 없나니 이것은 곧 불교가 모든 중생에게 혹 이익이
있기도 하고 이익이 없기도 한 것입니다.

　　그때에 근수보살이 게송으로써 답하여 말하기를,

불자여, 잘 듣고 자세히 들으세요.
내가 지금 사실과 같이 답하겠습니다.
혹은 빨리 해탈하는 이도 있고
혹은 벗어나기 어려운 이도 있습니다.

만약 한량없는 모든 과오를
제멸하기를 구하고자 한다면
마땅히 불법 가운데서
용맹스레 항상 정진해야 할 것입니다.

비유하자면 작은 불에

땔나무가 젖어 있으면 빨리 하여금 꺼지게 하는 것과
같아서
부처님의 교법 가운데
게으른 사람도 또한 그러합니다.

마치 부싯나무를 뚫어 불을 구함에
불이 나기 전에 자주 쉬면
불의 힘이 따라서 그쳐 소멸하는 것과 같아서
게으른 사람도 또한 이와 같습니다.

마치 사람이 일주日珠를 가졌지만
사물로써 그 일주의 그림자를 받지 않는다면
불을 마침내 가히 얻을 수 없는 것과 같아서
게으른 사람도 또한 그러합니다.

비유하자면 마치 밝은 태양이 비침에

어린아이가 눈을 감고
이상하게 말하기를 어찌하여 보이지 않는가 하는
것과 같아서
게으른 사람도 또한 그러합니다.

마치 사람이 손도 발도 없고서
억새풀 화살로써
두루 쏘아 대지를 깨뜨리고자 하는 것과 같아서
게으른 사람도 또한 그러합니다.

마치 한 털끝으로써
큰 바다의 물을 취하여
하여금 다 마르게 하고자 하는 것과 같아서
게으른 사람도 또한 그러합니다.

또 마치 세월의 불(劫火)이 일어남에

작은 물로써 소멸하고자 하는 것과 같아서
부처님의 교법 가운데
게으른 사람도 또한 그러합니다.

마치 어떤 사람이 허공을 보고
단정하게 앉아 한 발짝도 움직이지 않고
널리 허공에 올라갔다고 말하는 것과 같아서
게으른 사람도 또한 그러합니다.

그때에 문수사리보살이 법수보살에게 물어 말하기를
불자여, 부처님이 설하신 바와 같아서 만약 어떤 중생이라도 정법을 받아 가진다면 다 능히 일체 번뇌를 제멸하여 끊을 것이다 하셨거니 무슨 까닭으로 다시 정법을 받아 가졌지만 번뇌를 끊지 못하는 사람이 있습니까.

탐·진·치를 따르고 아만을 따르고 덮음을 따르고 분노를 따르고 한탄을 따르고 질투를 따르고 간탐을 따르고 속임을 따르고 아첨을 따르는 세력이 유전하는 바가 마음의 행위를 떠난 적이 없나니 능히 정법을 받아 가졌다면 무슨 까닭으로 다시 마음의 행위 안에 모든 번뇌를 일으킵니까.

그때에 법수보살이 게송으로써 답하여 말하기를,

불자여, 잘 듣고 자세히 들으세요.

물은 바는 여실한 뜻이니

다만 많이 듣는 것만으로써는

능히 여래의 정법에 들어갈 수 없습니다.

마치 어떤 사람이 물이 표류시켜 빠뜨리는 바가 됨에

빠질까 두려워하다가 목이 말라 죽는 것과 같아서

저 법에 수행하지 않는다면

많이 들었다 할지라도 또한 이와 같습니다.

마치 어떤 사람이 맛있는 음식을 베풂에
스스로 배가 고프지만 먹지 않는 것과 같아서
저 법에 수행하지 않는다면
많이 들었다 할지라도 또한 이와 같습니다.

마치 어떤 사람이 약을 잘 처방하지만
자기의 병을 능히 구원하지 못하는 것과 같아서
저 법에 수행하지 않는다면
많이 들었다 할지라도 또한 이와 같습니다.

마치 어떤 사람이 다른 사람의 보물을 헤아리지만
자기에게는 반 푼의 돈도 없는 것과 같아서
저 법에 수행하지 않는다면
많이 들었다 할지라도 또한 이와 같습니다.

마치 어떤 왕자가 왕궁에 태어났지만

주림과 더불어 추위를 받는 것과 같아서

저 법에 수행하지 않는다면

많이 들었다 할지라도 또한 이와 같습니다.

마치 귀머거리가 음악을 연주하여

저 다른 사람을 기쁘게 해주지만 스스로는 듣지 못하

는 것과 같아서

저 법에 수행하지 않는다면

많이 들었다 할지라도 또한 이와 같습니다.

마치 눈먼 사람이 수많은 형상을 수놓아

저 다른 사람에게 보여주지만 스스로는 보지 못하는

것과 같아서

저 법에 수행하지 않는다면

많이 들었다 할지라도 또한 이와 같습니다.

비유컨대 마치 바다에 뱃사공이
바다 가운데서 죽는 것과 같아서
저 법에 수행하지 않는다면
많이 들었다 할지라도 또한 이와 같습니다.

마치 네 거리 길에 있으면서
널리 수많은 좋은 일을 설하지만
안으로는 스스로에게 진실한 덕이 없는 것과 같아서
수행하지 않는 것도 또한 이와 같습니다.

　그때에 문수사리보살이 지수보살에게 물어 말하기를
　불자여, 불법 가운데 지혜가 상수가 되거니 여래가 무슨 까닭으로 혹은 중생을 위하여 보시를 찬탄하시며
　혹은 지계를 찬탄하시며

혹은 인욕(堪忍)을 찬탄하시며

혹은 정진을 찬탄하시며

혹은 선정을 찬탄하시며

혹은 지혜를 찬탄하시며

혹은 다시 자·비와 희·사를 찬탄하십니까.

그러나 끝내 오직 한 가지 법만으로써 벗어남을
얻어 아뇩다라삼먁삼보리를 이룰 사람은 없습니다.

그때에 지수보살이 게송으로써 답하여 말하기를,

불자여, 심히 희유하여

능히 중생의 마음을 아시니

인자(仁者)께서 물은 바 뜻과 같음을

자세히 들으세요. 저가 지금 설하겠습니다.

과거 세상과 미래 세상과

현재 세상의 모든 도사들이

한 가지 법만을 설하여
도를 얻은 사람은 없습니다.

부처님이 중생의 마음과
성품과 분수가 각각 같지 아니한 줄 알아
그 응당 제도할 바를 따라
이와 같이 설법하시기를

간탐하는 사람에게는 보시를 찬탄하고
금계를 훼손하는 사람에게는 지계를 찬탄하며
진심이 많은 사람에게는 인욕을 찬탄하고
게으름을 좋아하는 사람에게는 정진을 찬탄합니다.

마음이 산란한 사람에게는 선정을 찬탄하고
어리석은 사람에게는 지혜를 찬탄하며
어질지 못한 사람에게는 자민을 찬탄하고

분노하여 해치는 사람에게는 대비를 찬탄합니다.

근심이 많은 사람에게는 환희를 찬탄하고
마음이 굽은 사람에게는 버림을 찬탄하시니
이와 같이 차례로 수행한다면
점점 모든 불법을 갖추게 될 것입니다.

마치 먼저 기초 담을 세우고
그 이후에 궁실宮室을 짓는 것과 같아서
보시와 지계도 또한 다시 그러하여
보살의 수많은 행의 근본입니다.

비유하자면 마치 성곽을 건립하는 것은
모든 사람을 보호하기 위한 것과 같아서
인욕과 정진도 또한 이와 같아서
모든 보살을 막아 보호합니다.

비유하자면 마치 크고 힘 있는 왕을

천하에 백성들이 다 받들고 우러러보는 것과 같아서

선정과 지혜도 또한 이와 같아서

보살이 의지할 바입니다.

또 마치 전륜성왕이

능히 일체 즐거움을 주는 것과 같아서

사무량심 등도 또한 이와 같아서

모든 보살에게 즐거움을 줍니다.

그때에 문수사리보살이 현수보살에게 물어 말하기를

불자여, 모든 부처님 세존이 오직 한길로써 벗어남을 얻었거니 어떻게 지금 일체 부처님의 국토에 있은 바 수많은 일들이 가지가지로 같지 아니함을 봅니까.

말하자면 세계와 중생계와 설법과 조복과 수량과
광명과 신통과 대중이 모이는 것과 교화하는 의식과
교법이 머무는 것이 각각 차별이 있나니 일체 불법을
갖추지 않고 아뇩다라삼먁삼보리를 이룰 사람은
없습니다.

그때에 현수보살이 게송으로써 답하여 말하기를,

문수여, 법이 항상 그러하여
법왕은 오직 한 법뿐이니
일체 걸림 없는 사람이
한 길로 생사를 벗어났습니다.

일체 모든 부처님의 몸이
오직 이 한 법신이며
한 마음이며 한 지혜뿐이니
십력과 사무소외도 또한 그러합니다.

본래 보리에 나아가면서

소유한 회향심과 같이

이와 같은 세계 국토와

모인 대중과 그리고 설법함을 얻었습니다.

일체 모든 부처님의 세계가

장엄이 다 원만하지만

중생의 행업이 다름을 따라

이와 같이 보는 것이 같지 않습니다.

부처님의 세계와 더불어 부처님의 몸과

모인 대중과 그리고 말씀인

이와 같은 모든 부처님의 법을

중생은 능히 볼 수 없습니다.

그 마음이 이미 청정하고

모든 서원을 다 구족하여
이와 같이 분명하게 통달한 사람은
이것을 이에 능히 볼 것입니다.

중생의 마음에 좋아하는 것과
그리고 업인業因과 과보의 힘을 따라
이와 같이 차별함을 보나니
이것은 부처님의 위신력인 까닭입니다.

부처님의 세계는 분별이 없으며
미워함도 없고 좋아함도 없지만
다만 중생의 마음을 따라
이와 같이 다름이 있음을 볼 뿐입니다.

이런 까닭으로 세계에
보는 바와 각각 차별한 것은

일체 여래인

대선인仙人의 허물이 아닙니다.

일체 모든 세계에서

응당 교화를 받을 사람은

항상 사람 가운데 성웅을 볼 것이니

모든 불법이 이와 같습니다.

　그때에 모든 보살이 문수사리보살에게 일러 말하기를

　불자여, 우리 등의 아는 바를 각각 스스로 설하여 마쳤으니 오직 원컨대 인자께서는 묘한 변재로써 여래께서 소유하신 경계를 연설하여 밝혀 주시지요.

　어떤 등이 이 부처님의 경계이며

　어떤 등이 이 부처님 경계의 인성(因)이며

　어떤 등이 이 부처님 경계의 제도이며

어떤 등이 이 부처님 경계의 들어가는 것이며

어떤 등이 이 부처님 경계의 지혜이며

어떤 등이 이 부처님 경계의 법이며

어떤 등이 이 부처님 경계의 설법이며

어떤 등이 이 부처님 경계의 진지眞知이며

어떤 등이 이 부처님 경계의 증득이며

어떤 등이 이 부처님 경계의 나타남이며

어떤 등이 이 부처님 경계의 광대함입니까.

　그때에 문수사리보살이 게송으로써 답하여 말하기를,

여래의 깊은 경계는

그 분량이 허공과 같아서

일체중생이 들어가지만

그러나 진실로 들어간 바가 없습니다.

여래의 깊고 깊은 경계에

있는 바 수승하고 묘한 인성(囚)은

억세월에 항상 선설하여도

또한 다시 능히 다 설할 수 없습니다.

그들 마음과 지혜를 따라서

유인하여 정진케 하고 다 하여금 이익케 하여

이와 같이 중생을 제도하는 것은

모든 부처님의 경계입니다.

세간의 모든 국토인

일체 법계에 다 따라 들어가시지만

지혜의 몸은 형색이 없어서

저 중생들이 능히 볼 바가 아닙니다.

모든 부처님의 지혜는 자재하여

삼세에 걸리는 바가 없으시나니
이와 같은 지혜의 경계는
평등하기가 허공과 같습니다.

법계와 중생계의
구경에 차별이 없는 것을
그 일체를 다 요달하여 아시니
이것은 이 여래의 경계입니다.

일체 세계 가운데
있는 바 모든 음성을
부처님의 지혜는 다 따라 요달하여 아시지만
또한 분별하는 생각이 없습니다.

요별하는 식으로 능히 알 바도 아니며
또한 마음의 경계도 아닌

그 성품이 본래 청정한 것을
모든 군생에게 열어 보이십니다.

업도 없고 번뇌도 없으며
사물도 없고 머무를 곳도 없으며
비춤도 없고 행할 바도 없기에
평등하게 세간에 행합니다.

일체중생의 마음이
널리 삼세 가운데 있나니
여래가 한 생각 가운데 그 중생들의 마음을
다 분명하게 요달하십니다.

그때에 이 사바세계 가운데 일체중생의 소유한
법이 차별한 것과 업이 차별한 것과 세간이 차별한
것과 몸이 차별한 것과 근기가 차별한 것과 받아나는

것이 차별한 것과 계를 가지는 과보가 차별한 것과 계를 범하는 과보가 차별한 것과 국토의 과보가 차별한 것을 부처님의 신통력으로 다 분명하게 나타내시며 이와 같이 동방의 백천억 나유타의 수도 없고 한량도 없고 끝도 없고 같을 수도 없으며 가히 셀 수도 없고 가히 이름할 수도 없고 가히 생각할 수도 없고 가히 헤아릴 수도 없고 가히 말할 수도 없는 모든 법계와 허공계의 일체 세계 가운데 있는 바 중생의 법이 차별하고 내지 국토의 과보가 차별함을 다 부처님의 신통력인 까닭으로 분명하게 나타내시니 남·서·북방과 사유와 상방 하방도 또한 다시 이와 같습니다.

관허 수진貫虛 守眞

1971년 문성 스님을 은사로 출가, 1974년 수계, 해인사 강원과 금산사 화엄학림을 졸업하고, 운성, 운기 등 당대 강백 열 분에게 10년간 참문수학하였다.

1984년부터 수선안거 10년을 성만하고, 1993년부터 7년간 해인사 강원 강주로 학인들을 지도하였다.

대한불교조계종 교육위원, 역경위원, 교재편찬위원, 중앙종회의원, 범어사 율학승가대학원장 및 율주를 역임하였다.

현재 부산 승학산 해인정사에 주석하면서, 대한불교조계종 고시위원장, 단일계단 계단위원·존증아사리, 동명대학교 석좌교수, 동명대학교 세계선센터 선원장 등의 소임을 맡고 있다.

화엄경 독경본 3

초판 1쇄 인쇄 2022년 9월 29일 | **초판 1쇄 발행** 2022년 10월 7일
옮긴이 관허 수진 | **펴낸이** 김시열
펴낸곳 도서출판 운주사

　　　(02832) 서울시 성북구 동소문로 67-1 성심빌딩 3층

　　　전화 (02) 926-8361 | **팩스** 0505-115-8361

ISBN 978-89-5746-711-4　04220　값 16,000원

ISBN 978-89-5746-674-2　(세트)

http://cafe.daum.net/unjubooks 〈다음카페: 도서출판 운주사〉

이 시대 화엄종주 수진 스님과 함께
화장세계 여행을 떠나다!

◆ ◆ ◆

대승경전의 최고봉으로 꼽히는
『대방광불화엄경大方廣佛華嚴經』독송으로
가피와 공덕을 얻다!

04220

9 788957 467114

ISBN 978-89-5746-711-4
ISBN 978-89-5746-674-2 (세트)

값 16,000원

恩
重
經
寫
經

가사체 부모은중경과
한문 부모은중경 사경

무비스님·조현춘 공역

한글세대를 위해 지금의 우리말 가사체로!

화성 용주사 한문 불설대보부모은중경을 저본으로!

정조 대왕의 효성과 단원 김홍도의 변상도 그림 14점 포함!

운주사

가사체 불교경전
한글세대 불교경전

무비스님·조현춘 공역

도서출판 운주사

〈목차〉